毒舌うさぎ先生の
がんばらない 貯金レッスン

監修
ファイナンシャルプランナー
花輪陽子

コミック・イラスト
井口病院

日本文芸社

登場人物紹介

キャーロット様

貯金のスペシャリスト。毒舌な女王様気質を発揮して、麻衣や彩をビシバシ指導し、貯金体質に導く

キャーロット様の子どもたち

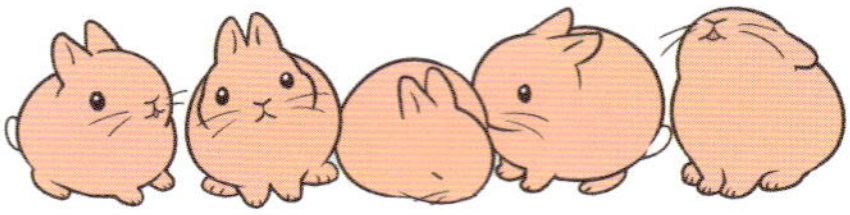

大輔（だいすけ）36歳

のんびり屋で細かいことは気にしないタイプ。妻の麻衣とともにキャーロット様に活を入れられ貯金に目覚める

金《かね》梨《なし》家

大和（やまと）5歳

好奇心旺盛で、活発な男の子。毒舌なキャーロット様を振りまわす唯一の存在

麻衣（まい）34歳

パートで働く主婦。努力して節約しているのに、家計はうまくまわらない。家族のために「年間100万円貯金」を目指す

会社の同僚

彩（あや）29歳

おしゃれ好きのOL。麻衣につられてキャーロット様に入門し、「年間70万円貯金」を目指す

大和《やまと》――
起きなさーい!
しっかり~
あっ、これ
クレジット
カードの
今月分の明細
どれどれ…
ガ～～～ン
ええっ
こんなに!?
高いものは買ってない
はずなのに……
おやつ
雑誌
洋服
あれ??
他に何買ったっけ……?
これいつの
引き落とし
だっけ!?
生活費が残らなく
なっちゃうよ~
足りなかったら
定期預金
崩せばいいよ
あれっ…
たしか先月も
こんな話
したような…
…
わっ!?
もうこんな時間!?
またあとで
考えよう!
行ってきまーす
バタバタ
おはよう
ございまーす
うさぎ
ほいくえん
駅の近くに
新しい
イタリアンが
できたのよ
今度そこで
ママ友会
しましょう
ぜひ~♡
おう
やまとくん
おはよー
ああ~
また出費……

そのまま出勤…
おもちゃコーポレーション
忙しい～
ピピッ
12:00
やっとお昼ね
おなかすいたー
麻衣さ～ん 彩～ ランチ行こ～!
新しくできたイタリアンサラダとケーキ付きで1000円なんてお得よね～
ね～
はっ
私は今日お弁当だから…
私は銀行に行かなきゃだからパス!
ええ～残念～
こんなに節約して生活してるのにどうしてお金が貯まらないのかしら…?
貯金箱も全然役立たず
カラン
カラン
飲み会に友達の結婚式……いくらお金があっても足りないよ～
コーヒーだけでがまんするか…
営業の本田さん来月家族でハワイだってさ
井上さんのお嬢さん今度バレエで短期留学するんだって――
みんなすごいねお金どうしてるんだろう…
ハワイいいなー
銀行に行ってきまーす……
行ってらっしゃ～い…
パートの時間を増やす?…いやそんなヒマないし…
投資をしてみるか…
でもかえって損するかも…
…
聞いていればさっきから…
あなた本当にお金を貯める気があるの!?
ピカー
えっ!?

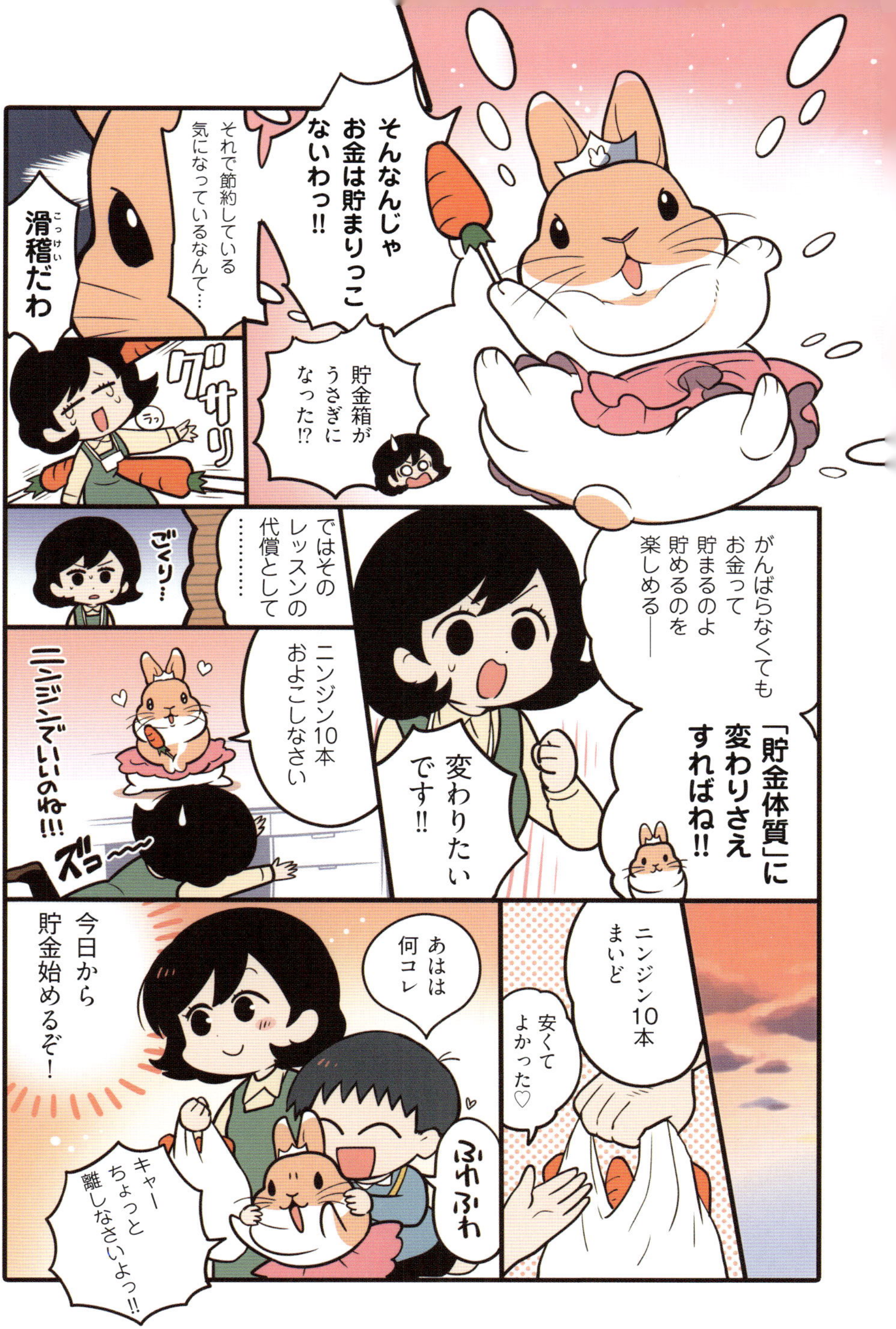
そんなんじゃ
お金は貯まりっこ
ないわっ!!
それで節約している
気になっているなんて…
滑稽《こっけい》だわ
貯金箱が
うさぎに
なった!?
グサリ
ラッ
がんばらなくても
お金って
貯まるのよ
貯めるのを
楽しめる――
「貯金体質」に
変わりさえ
すればね!!
変わりたい
です!!
では その
レッスンの
代償として
………
ごくり…
ニンジン10本
およこしなさい
ニンジンでいいのね!!!
ズっ〜〜〜
ニンジン10本
まいど
安くて
よかった♡
あはは
何コレ
今日から
貯金始めるぞ!
ふわふわ
キャー
ちょっと
離しなさいよっ!!

CONTENTS

第2章 いざ貯金！ もったいない支出のダイエット

第3章 自動的に貯まる！ シンプルな仕組みのチェック&フォロー

第4章 ライフイベントに備える！ 楽しい人生のマネープラン

※本書の内容は2018年3月現在のものです。
変更の可能性がありますので、最新情報は関連機関で確認してください。

はじめに

現在の私はファイナンシャルプランナーとしてお客様にアドバイスをしている立場ですが、10代、20代の頃はお金の使い方が下手で、目の前のほしいものをがまんできずに、クレジットカードのリボ払いの残債が２００万円に膨らんだ経験があります。会社からリストラをされた経験もあります。まさに私自身がお金に苦手意識があり、努力によってそれを克服してきたタイプの人間なのです。現在も油断をすると浪費しそうになるときが多々あるので、本書のＰＤＣＡサイクルを回すことによってリバウンドしないように保っています。

そうしたことから、監修をしているうちに、本書のマンガに登場する貯金の指南役、うさぎ先生ことキャーロット様だけでなく、貯金ができずに悩む麻衣や彩にも自己投影してしまう自分に気づかされました。貯められない人、ついつい使ってしまう人の気持ちが痛いほどよくわかり、寄り添うことができるからです。

お金の使い方は人柄を表します。読者の皆さんも本書を読めば、麻衣や彩的な部分、キャーロット様的な部分をご自身に重ねるはずです。

優しい人は優柔不断になってしまうところもありますね。お金という感謝の受け取り方に慣れていない人も多いですし、気がよいのでなかなか食事などの誘いを断れないという人もいるでしょう。日常生活を送るうえでは愛されるキャラクターなのですが、そういうことが原因でお金を貯められないという人は多いものです。ご自身の性格やタイプに気づき、お金を貯めるという目標を設定し、本書に沿ってＰＤＣＡサイクルを継続していけば、そんな人も必ず貯めることができるようになります。

お金は自由と交換をすることができます。お金があれば、スクールに行きたい、海外に住んでみたい、などの夢を叶えることができます。日々ちょっとした惰性で使っている５００円など小さなお金も、塵も積もれば山となります。そうしたお金を将来のためにとっておくことによって、もっと価値が高いものに変えていくことができるのです。読者の皆さんが、本書を通して、お金とうまく付き合えるようになり、人生がさらに豊かになったと感じてくだされば、監修者としてこれ以上うれしいことはありません。

２０１８年３月

花輪　陽子

がんばって節約しているのに⁉ 全然貯まらない原因

意識しなければいつの間にかお金は消えちゃう!

大きな買いものは全然していない。むしろ安いものを選んで買ったり、節約のために手間をかけたりしているつもりなのに、どうしてお金が貯まらないんだろう?

意外にも、貯金がない人や少ない人は、このように「がんばって節約しようとしている」ことが多いのです。

節約レシピを取り入れても長続きしない。買いたいものをがまんした衝動で、ついお菓子を買い込んでしまう……。ふだんの行動を振り返ってみると、実は「節約しているつもりになっているだけ」ということは、よくあります。まずは、自分のふだんの行動を振り返ってみましょう。

贅沢はしていないのになんで貯まらないの?

自動販売機で飲みものを買ったり、コンビニで話題のお菓子を見つけたり。また、お店でセール品を手に入れ、カフェで一息。家では、ネットショッピングで安い日用品を購入。こうした行動自体がいけない、というわけではありません。無自覚・無計画に出費を重ねてしまうことが問題なのです。

「贅沢をしていないのに、なぜかお金が貯まらない」という声をよく聞きます。つまり多くの人は、普通に暮らしているだけではお金を貯められないのです。お金を貯める第一歩として、「お金を使っている」という意識を持ち、「いつの間にか消えていくお金」をゼロにすることが大切です。

CHECK

無自覚・無計画な出費が多い!?
自分の行動をチェック！

バス代節約のために歩いたのに
途中で飲みものを買い、結局トントン…

プチプラファッションで賢く
おしゃれをと、無計画に大量購入

おしゃれなカフェで自分の時間を
過ごすのも大事だけど、週に何回も!?

ネットショッピングでの
気軽な購入は無自覚な出費の原因!?

チェックシートで あなたの貯金体質度を診断

つい買ってしまうワナを回避せよ!?

テレビやインターネット、雑誌、ショップには、魅力的な商品や便利なサービスがあふれています。

「50%オフ」「バーゲンは本日終了」という言葉につられて、それほど必要ではないものを買ってしまった、という経験をしている人は多いのではないでしょうか。

それは、お金を使わせる〝ワナ〟にはまってしまった結果。貯金をしようと思うなら、こうしたワナにはまらないようにすることが大切です。

まずは、左ページのチェックシートで、自分の「貯金体質度」を確認しましょう。その結果からあなたの弱点を見つけ出し、対策を導き出します。

あなたの貯金体質度は? タイプ別に戦略を立てよう!

あなたは、どのタイプでしたか? 診断結果別の対策を見ていきましょう。

●貯金体質度「80%以上」

貯金が得意なタイプ。本書をひととおり読んで、抜けていた項目を克服すれば、目標貯金額をスムーズに達成!

●貯金体質度「50%」

無自覚に浪費しがち。「少額だから」と油断したり、お得情報につられたりしてしまわないよう、本書を参考にして貯金体質をつくっていきましょう。

●貯金体質度「20%以下」

「浪費体質」といえるかも!? 今のままでは貯金は困難。各項目の参照ページを読み、思いきってライフスタイルを改善しましょう。

CHECK

貯まる？　貯まらない？ あなたの貯金体質度診断

まず下記の10項目で、どれくらい貯金ができる体質か診断。
そのあと、該当のページを確認してみましょう！

- ☐ レシートは、A もらう or B もらわない ➡ P.28
- ☐ コンビニを A あまり利用しない or B よく利用する ➡ P.66
- ☐ 財布に入れておくポイントカードは、A よく行くお店のみ or B 万一に備えてできるだけ多く ➡ P.69
- ☐ 支払いは、A 現金 or B クレジットカード ➡ P.70
- ☐ 財布に入っているお金は、A 1週間分 or B 1か月分 ➡ P.72
- ☐ 食料品は、A まとめ買いする or B 毎日買う ➡ P.80
- ☐ 買いものは、A 事前に必要なものをリストアップ or B 現地でお得なものを探す ➡ P.82
- ☐ 貯金の目標・目的を A 持っている or B 持っていない ➡ P.96
- ☐ 貯金は、A 毎月決まった額 or B 給与の余り額すべて ➡ P.100
- ☐ 現在の貯金残高を A 把握している or B 把握していない ➡ P.118

A が7つ以上……貯金体質度80%以上
A が4～6つ……貯金体質度50%
A が3つ以下……貯金体質度20%以下

むしろがんばるな？　お金が貯まる二大条件とは

条件①　現実（家計）を明確に

あなたは、自分が何にどのくらいのお金を使っているのかを把握していますか？　まずは、給料の手取り額をはじめ、家賃やローン、食費、水道光熱費、交際費など、項目別の収入・支出を調べましょう。

たとえば、ダイエットをするときには、まず体の各部位の太さや体重をはかりますよね。どのくらい太っているのか、理想の体型に近づくためにはどのくらいの減量が必要なのかを確認してから対策を練ります。

貯金をするときも同じ。何にいくら使っているのかを知ることで、貯まらない理由を探し、貯めるための対策を考えます。

条件②　理想（目標）を明確に

あなたはどうして貯金をしたいのでしょうか。「将来が不安だから」「優雅に買いものがしたいから」など、理由は人それぞれでしょう。

しかし、目標もなくお金を貯められる人はごく少数で、多くの人は漠然とした不安や希望だけでは、お金を貯められないものです。

お金を貯めるには、〝ほしいもの〟〝やりたいこと〟を具体的に決めることから始めましょう。モチベーションにつながる、ワクワクするような目標が理想的です。

貯金は「がんばろう！」と意気込むと続かないもの。むしろ、楽しみにできる目標を見つけることが大切です。

CHECK

あなたの現実（家計）と理想（目標）を見つめよう！

現実 1　家計を見つめる：1か月の項目別の金額を確認

収　入

入ってくるお金

給与（手取り）、
ボーナス、
児童手当
など

家計費

支　出

出ていくお金

住居費、
水道光熱費、
食費、娯楽費、
保険料
など

理想 2　目標を見つめる：夢を具体的に思い描こう！

旅行に行きたい！
パリ？ ニューヨーク？ それとも南の島？
迷ったら目標は
トーナメント方式で
決めるといいわよ
（➡ P.97）
あのバッグを持って
カッコよく働きたい！

ムリなく・ムダなく貯金する 4つのステップ

貯金すると決めたら まず目標額と期間を決める

貯金をするなら、まず目標金額と貯める期間を決めましょう。本書では、次の2人の人物を設定して、貯金への取り組み方を解説していきます。

●麻衣…30代主婦、パート、夫と合わせて月の手取り*33万円、子どもあり（5歳）、マンション住まい（賃貸）**↓教育費、マンション購入のために、年間100万円貯金を目指す**

●彩…20代正社員、月の手取り20万円、独身、ひとり暮らし**↓引越しと結婚に備えて年間70万円貯金を目指す**

目標額や期間は、人それぞれでよいのですが、ある程度まとまったお金を貯められると、自信になり、続けるモチベーションにもつながります。ただし、身の丈に合った金額設定を。「ムリをしすぎない」というのが、貯金を続ける秘訣です。

PDCAサイクルを活用して「貯金体質」をつくろう！

ビジネスを円滑に進める方法のひとつに「PDCAサイクル」というものがあります。「P」はPlan（計画）、「D」はDo（実行）、「C」はCheck（評価）、「A」はAction（改善）という意味です。これらを順番に繰り返していくことで、目標達成、品質向上を実現していくという考え方です。

実は、このサイクルは、貯金の目標額を達成するにも効果的。本書の構成も、このサイクルにあてはめています。ぜひ、「PDCAサイクル」で、目標額の貯金を実現してください。

memo 手取り：給与から税金や社会保険料などを差し引いた額面。実際に手にする金額。

CHECK

自然と貯金ができる仕組み PDCAサイクル

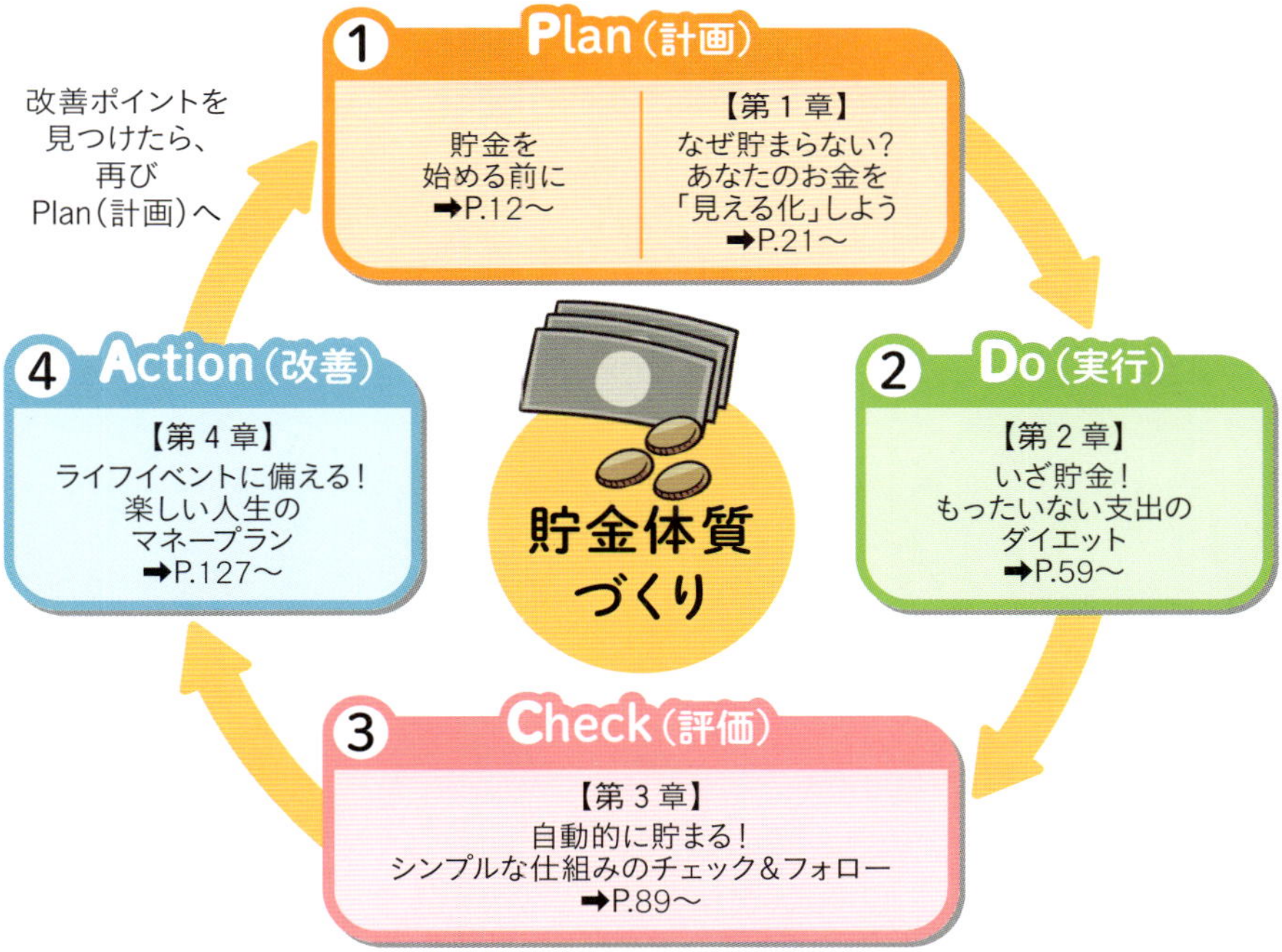

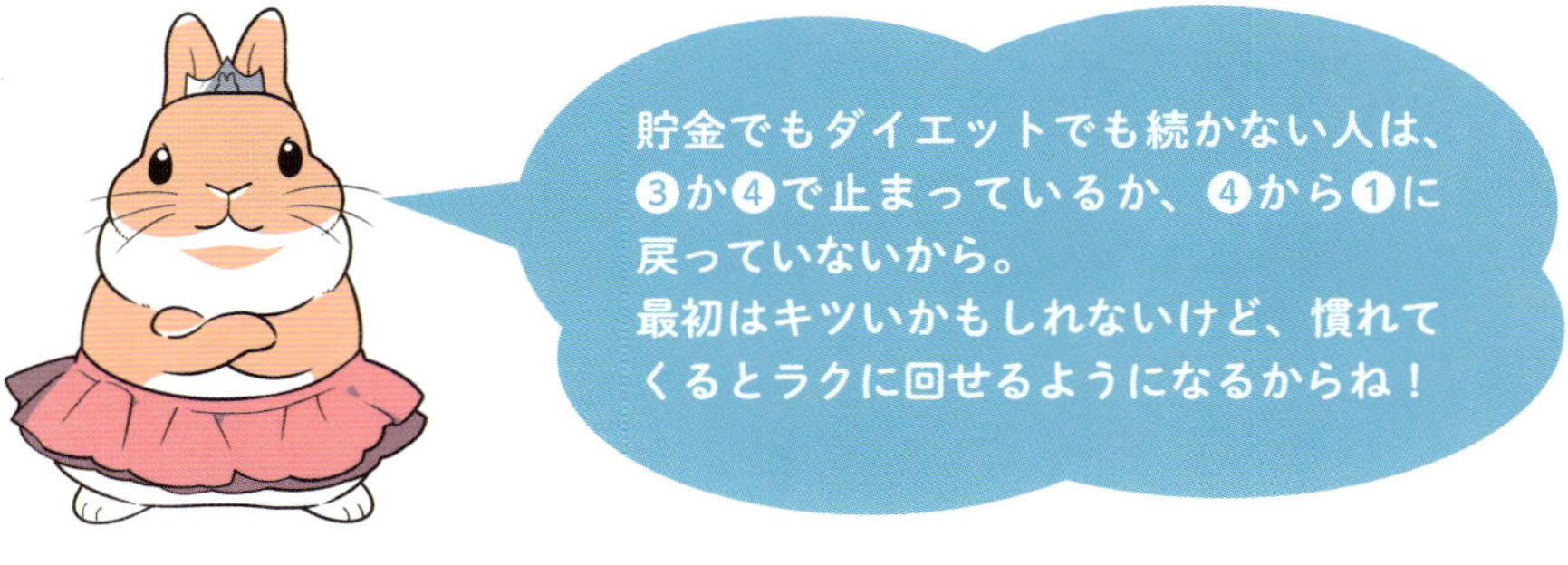

1年で
100万円
貯金!
私は一年で
70万円!
がんばらなくても
1年間で100万円
貯めるコツを教えるわ
さあ ついて
いらっしゃい!

第1章

なぜ貯まらない？
あなたのお金を
「見える化」しよう

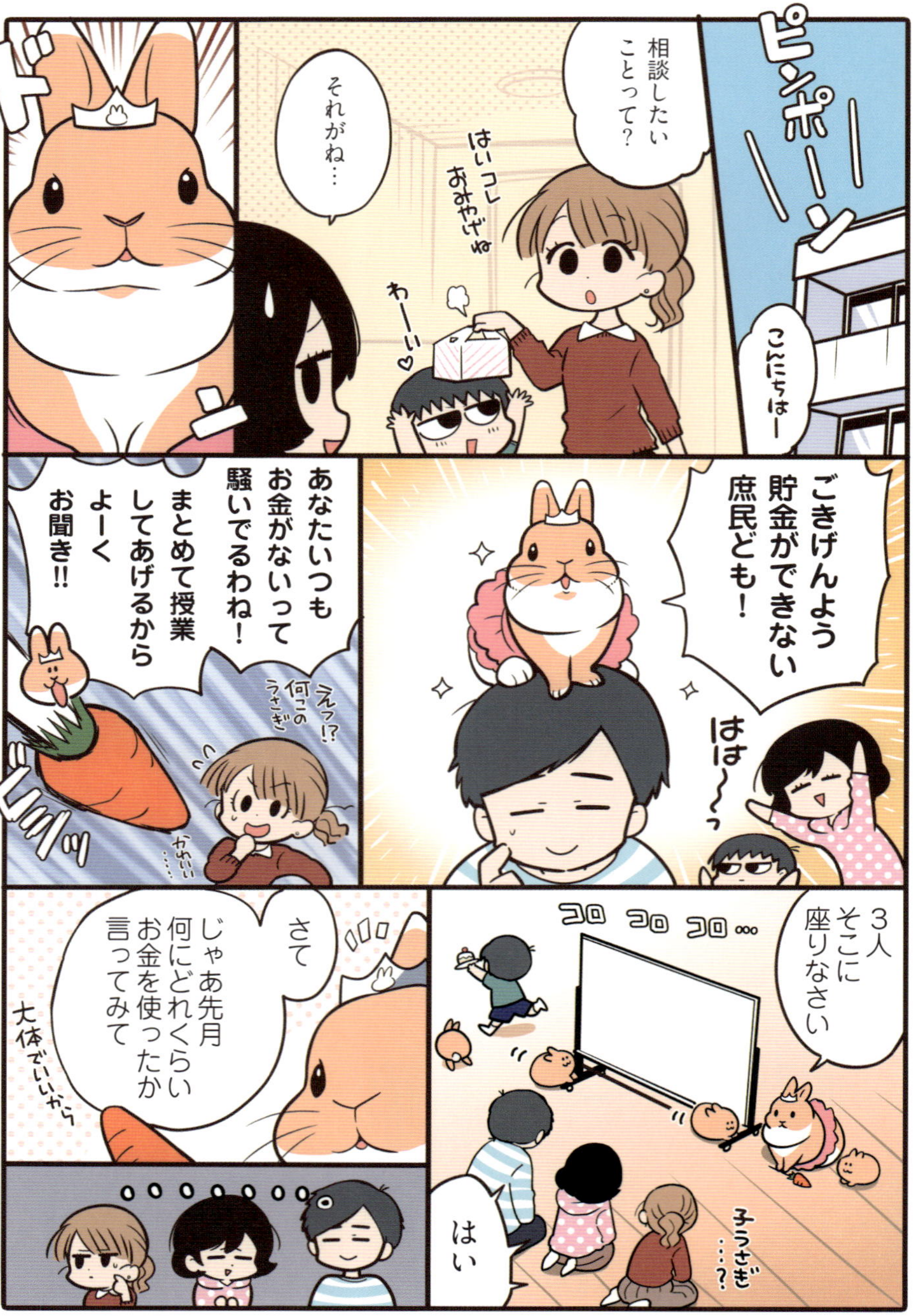
ピンポーン
こんにちはー
相談したいことって?
はいコレおみやげね
わーーい♡
それがね…
ド
ごきげんよう貯金ができない庶民ども!
はは〜っ
あなたいつもお金がないって騒いでるわね!まとめて授業してあげるからよーくお聞き!!
えっ!?何このうさぎ
かわいい…
ビシッ
コロ コロ コロ…
3人そこに座りなさい
はい
子うさぎ…?
さて
じゃあ先月何にどれくらいお金を使ったか言ってみて
大体でいいから
………

で…でも節約は
がんばってるよ
ブランド品より
ファストファッションで
私もわざわざ
遠くの激安スーパー
まで行ってるし…
電気をこまめに
消したり…
ダンッ
ダン
出費も知らずに
節約!?
それじゃあ
がんばっても
貯まらない
スパイラルよ!
いいこと?
貯金とダイエットの
コツは似ているの
入ると思ったのに…
今何センチ
なんだろう…
はかるのコワイ…
見える化??
成功するダイエットでは
まず体重やウエストを
はかって〝自分の数字〟を
見える化するのよ
現状の数字がわからなければ
目標も行動も起こせないわ
ふつうよね…?
むちっ
何センチなら
いいの~~!?
やせてる?
太ってる?
どうせそうやって
ダイエットも
失敗して
きたんでしょ
ギクッ
貯金では
この数字は
使ったお金
つまり支出よ

※飼いうさぎには、おもに何らかのストレスを感じているときに、後ろ足で地面を激しく叩く行為（通称「足ダン」）がみられます。

あるうさぎ家の家計
ペット
息子
父
母
収入… 35キャロット
住居費
水道光熱費
教育費
食費
被服費
交際費
残り… 7キャロット
さよなら~
脂肪は勝手に貯まっていくけどお金は反対
ぼんやりしていると逃げていくの
だから自分が使っている金額は把握しとかなきゃ!
なるほどね~~
さっ やってみるわよ
レシートを出しなさい!
ダン
ダンッ
いっ今探してみます
パン パン
麻衣の財布
整理できてない
彩の財布
ポイントカードでいっぱい

レシートは大事な情報源！必ずもらうこと！
もらったら分類しておくこと！
そうすれば家計簿もラクよ
グサッ
グサグサ
あー
やっぱり家計簿かぁ
実は家計簿は前にも挑戦したんだけど……
百均の小物は何費だっけ…？
ああ～～っレシートが!!
あっ
結局続かなくて…
ワリカンね～
レシートまぁいっか……
家計簿ってなんであんなに面倒くさいの
そんなことないわ
簡単よ！
たとえばレシートはその日のうちに分類！
分類で悩むなら店ごとでもいいわ
これは
コンビニ！
ポイッ
コンビニ
スーパー
アパレルショップ
ドラッグストア
食べちゃダメだよ
あらかじめ分類用の封筒や箱を用意しておけば放り込むだけでしょ

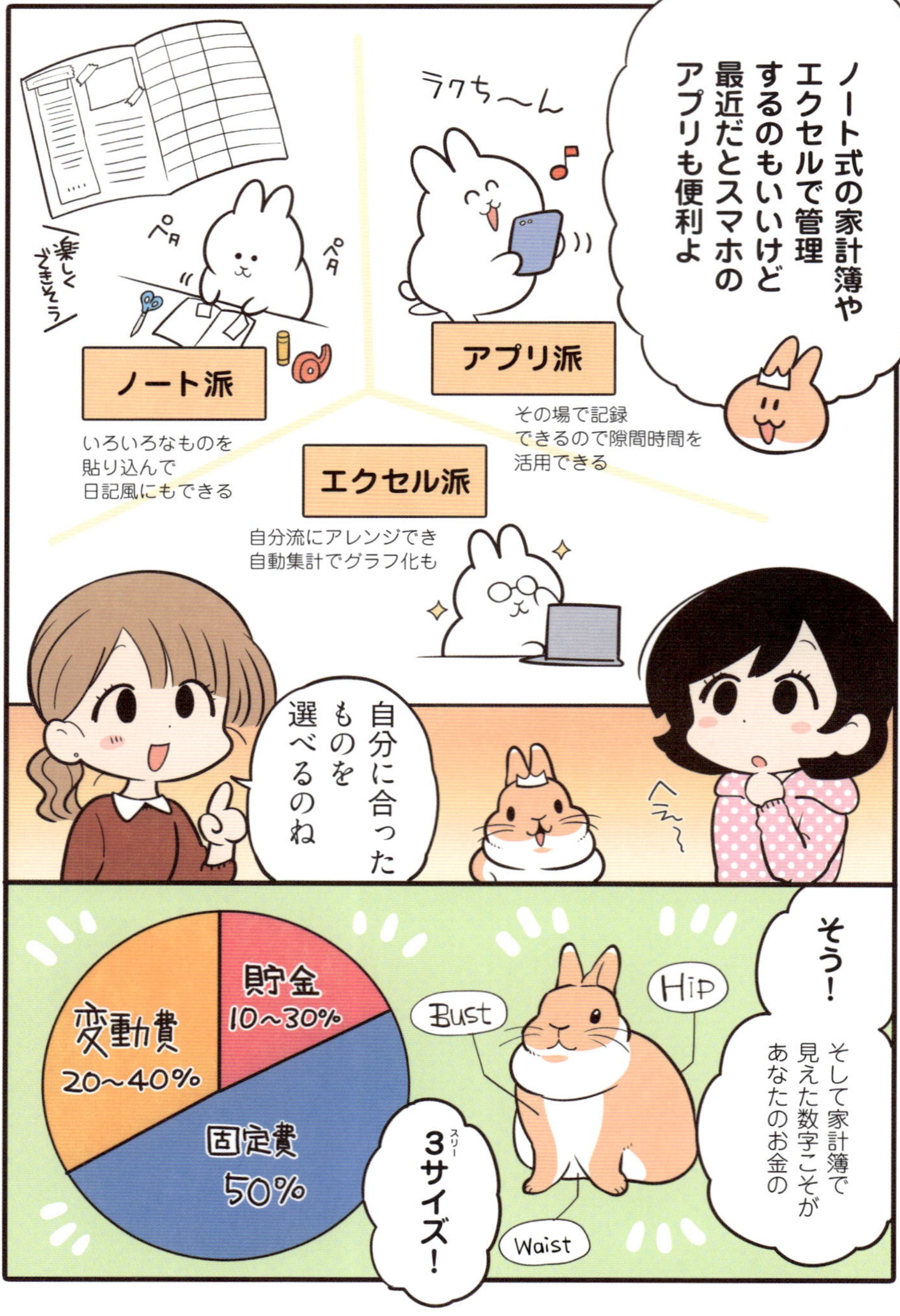
ノート式の家計簿やエクセルで管理するのもいいけど最近だとスマホのアプリも便利よ
ラクち〜ん
アプリ派
その場で記録できるので隙間時間を活用できる
ペタ
ペタ
楽しくできそう
ノート派
いろいろなものを貼り込んで日記風にもできる
エクセル派
自分流にアレンジでき自動集計でグラフ化も
へえ〜
自分に合ったものを選べるのね
そう！
そして家計簿で見えた数字こそがあなたのお金の
3《スリー》サイズ！
Hip
Bust
Waist
貯金 10〜30%
変動費 20〜40%
固定費 50%

支出を見える化することによってムダなお金も見えてくるわ
だからがんばらなくても節約・貯金ができるの
さてと
よいしょ よいしょ
私の見たところ今のあなたの家じゃたぶんこんなね
貯金0《ゼロ》
変動費 35%
固定費 65%
が～んっ
まずは自分の支出を知ってショックを受けるところからね
ズズー
放っておいたらたまる脂肪 放っておいたら出てっちゃうお金
逆だったらいいのにね～
ケーキごちそうさま
ボヨン
…キャーロット様の首元のそれはもしかして…脂肪？
わぁ～ボヨボヨしてて気持ちよさそう♡
ピクッ
失礼ねっ
これはオシャレマフラーよっ!!!
ゲシッ

家計簿以前！レシートで支出の傾向を知ろう

買いものをしたら必ずレシートをもらう！

自分の支出を把握する第一歩は、まずレシートをもらうことから。レシートは情報の宝庫。いつ、どこで、何を、いくらで購入したのかが記してあるため、あなたの買いものの傾向を知ることもできるのです。

まずはレシートを集めて、自分は何に多くのお金を使っているのかを確認しましょう。

もらったレシートは、財布に入れっぱなしにしないように。その日のうちに財布から出して、当日の買いものを振り返るようにします。家計簿につけるのは面倒という人は、財布から出して、次に紹介する方法で分類しておくだけでもＯＫです。

レシートはお店の種類ごとに分ける

集めたレシートは、「スーパー」「コンビニ」「ドラッグストア」「１００円ショップ」……というようにお店の種類ごとに分け、それぞれを封筒やクリアファイルなどに入れます。

お店の種類ごとにレシートを分けるだけで、レシートの量からよく利用するお店のジャンルがわかります。

特によく行くお店がある場合は、そのお店専用のファイルをつくってみるのもよいでしょう。そうすると、さらに具体的に、何に多く出費しているかがわかります。

このように、レシートは、自分の支出傾向を簡単に把握できるツールになるのです。

CHECK

レシートを分類して
自分の支出傾向を知ろう！

理想は…

その日のうちに財布から
レシートを取り出し、
家計簿につける

面倒くさがりの人は…

封筒

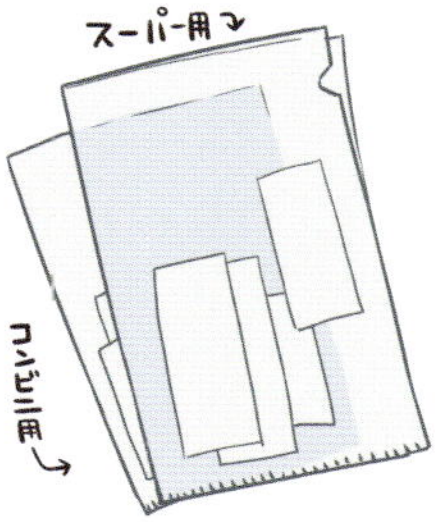

クリアファイル

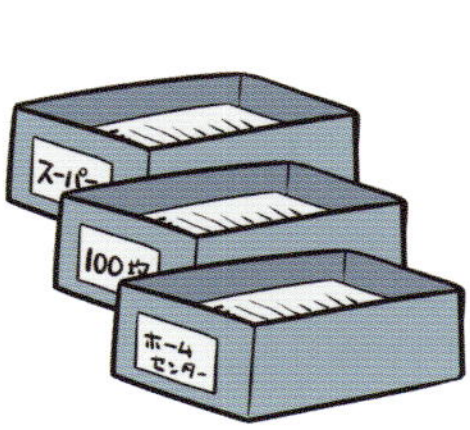

小さな箱

**とにかく、その日のうちに財布からレシートを取り出して、
お店の種類ごとに分けておく**

レシートを眺めるだけで見える「買いもののクセ」

レシートの束を眺めるだけでもムダ遣いが見えてくる

28ページでお店の種類ごとに分けたレシートの束を眺めてみると、「これはまだいらなかったな」などと、ムダ遣いに気づきます。また「このとき、なんでこんなにたくさん買っちゃったんだっけ？」と、購買時の状況や気分を思い出すこともあります。

ムダ遣いをしたときのレシートを見て、そのときの感情を思い出したら、それをぜひ覚えておいてください。

それが慌てていたときだったら、「自分は慌てているときに多めに買ってしまう性格かも」と考えて、そんなときは買いものをやめたり、深呼吸して気持ちを落ち着かせてから買いものをするとよいでしょう。

枚数が多ければ、行く回数を減らす工夫を

枚数も大切な情報です。たとえば1週間、お店ごとのレシートを貯めたら、1週間の日数「7」で、あるいは平日の日数「5」で割ってみてください。たとえば、あるコーヒーチェーン店のレシートが10枚あったら、1日1～2回はそのお店に行き、1週間で2000円以上使っている可能性が高いといえます。

レシートの束を見てショックを受けたなら、この無意識な出費の習慣、クセから距離を置くチャンスです。

コーヒーを家でつくって持っていく、安めのコーヒーに変える、買う回数を減らすなどの対策を立てることができます。

CHECK

レシートを眺めて
自分の買いもののクセをつかもう！

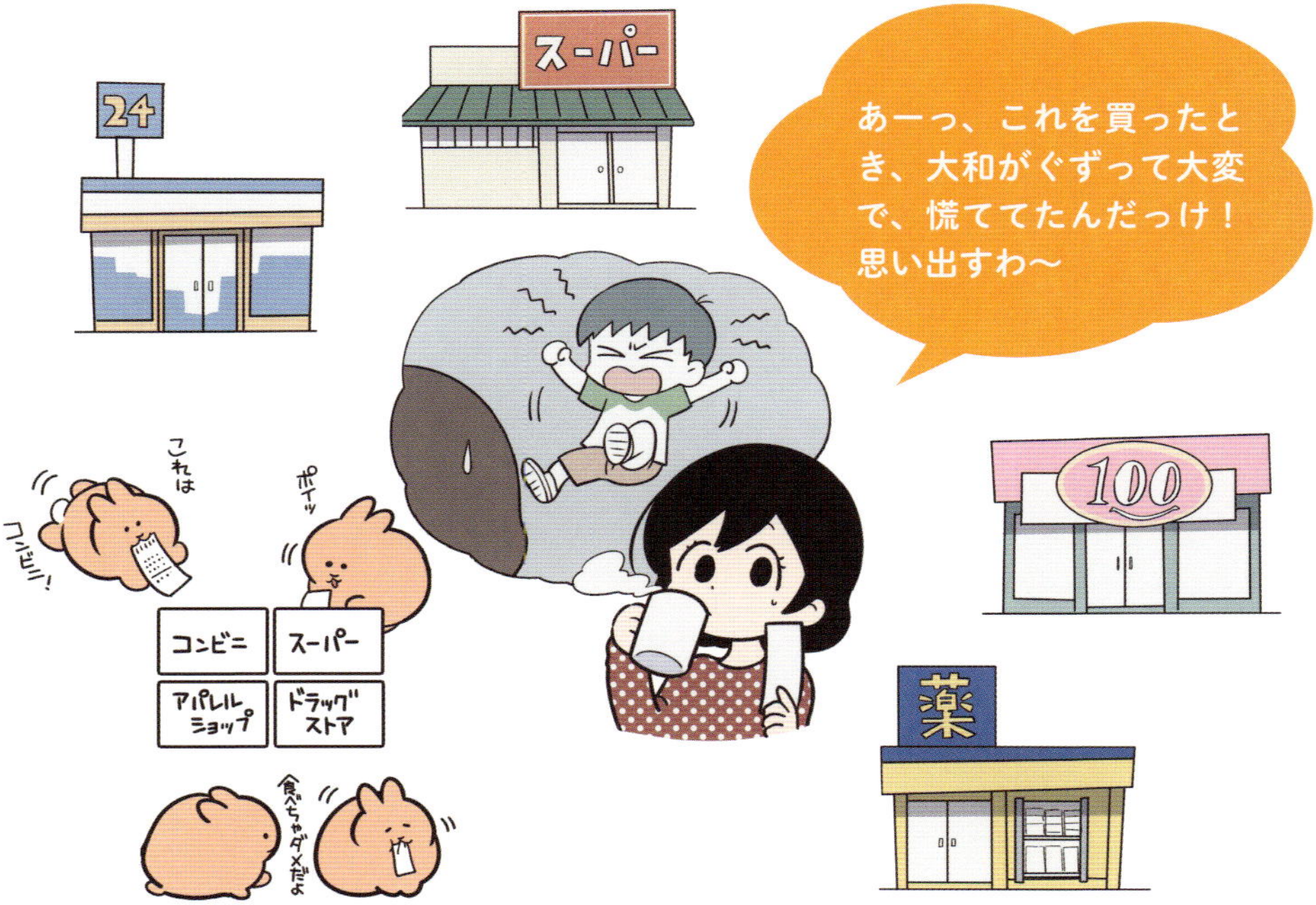

レシートを分けて眺めているだけでも、
レシートからフィードバックが得られるのよ
①ムダ遣い
②買いものをしていたときの気持ちや状況
がわかるから、ぜひやってみて！

貯金成功のカギは家計を３つに分けること

貯金の第一歩は家計を３つに分けることから

「貯金したい！」と思ったら、まず、何にいくら使っているのかを〝見える化〟する必要があります。家計簿をつけるのが理想的ですが、なかなか続かないという人のために、試してほしい簡単な方法があります。

それは、月の手取りを「貯金」「固定費」「変動費」の３つに分けるという方法です。

●**固定費**…住居費、水道光熱費、通信費、教育費など、毎月必ず一定額がかかるもの

●**変動費**…毎月支払いが発生するが、月ごとに金額が大きく変わるもの

各項目の理想的な割合は、左ページのとおりです。

「余ったお金を貯金」では一生貯まらない!?

確実に貯金をしたいなら、「余ったお金を貯金にまわす」という考えは捨てること。貯金用のお金は、はじめから一定額をキープすることが大切です。基本は月の手取りの25％ですが、家族構成などによって適宜割合を変えていきます。

固定費の総額は月の手取りの50％が理想ですが、まずは現在どれくらいかかっているのかを知ることから始めましょう。固定費の総額が月の手取りの50％以内なら、第一段階はクリア。それ以上の場合は、要検討です。

変動費は、月の手取りから貯金と固定費を引いた金額をあてるようにすると、貯金がしやすくなります。

CHECK

家計をどう分ける？
3つの項目のベストバランス

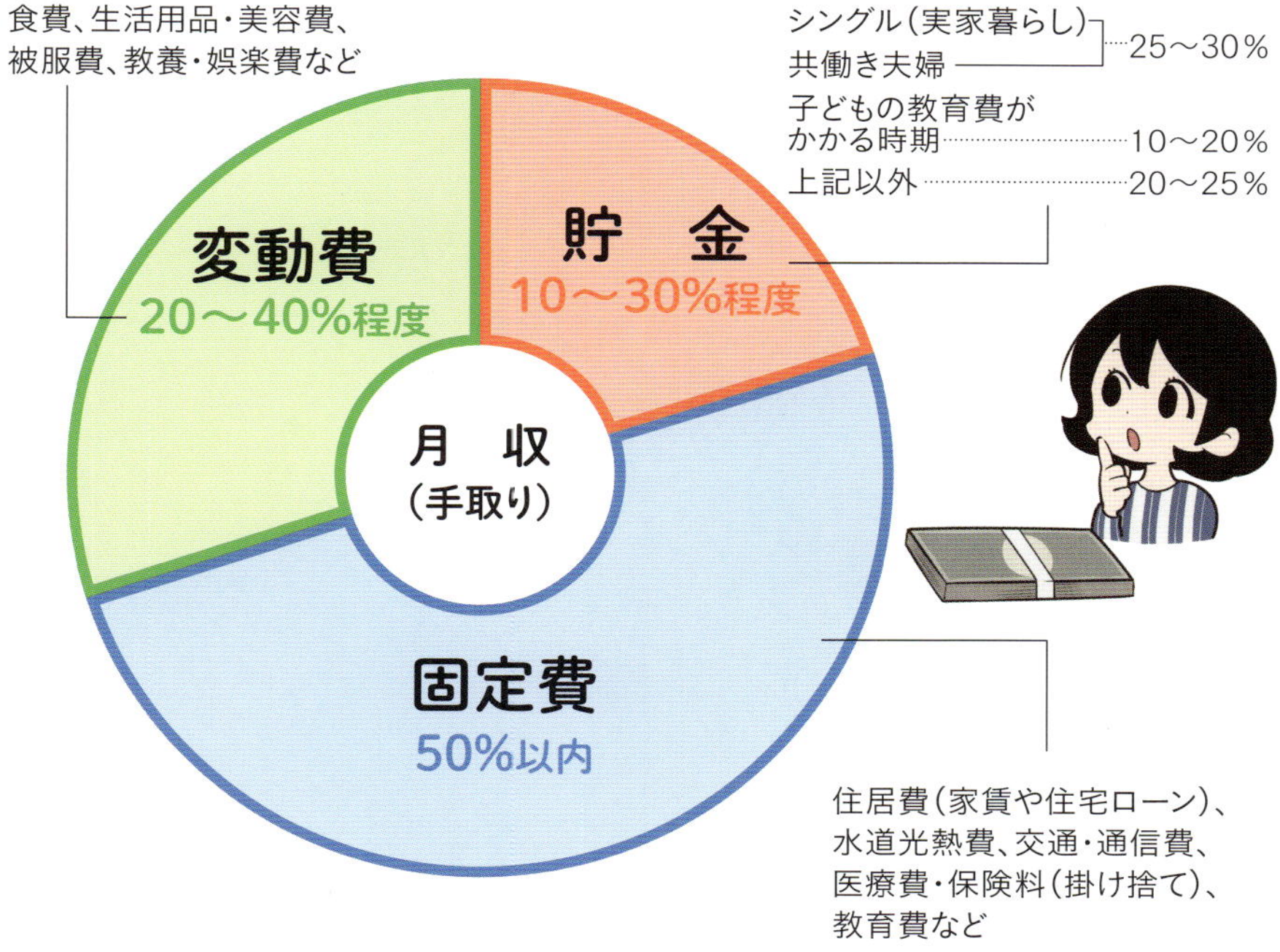

月の手取りから、まず貯金分を引き、その後、固定費を引いた額を変動費にあてるのが理想よ！

memo　本書では、交通費は通勤費や自動車関係費などほぼ定額のものとし、医療費は備えとして貯蓄するものとして固定費にカウント。

家計簿はどうつける？ 基本ステップを確認

レシートやメモ、請求書、通帳を用意

家計簿をつけるときは、ノート、ペン、電卓と、レシートや出費を記録したメモ、そして電気代やガス代、クレジットカードなどの請求書を用意します。メールやウェブサイトで確認するタイプの請求書は、プリントアウトしたりメモしたりして、できるだけ紙で確認できるようにしておきましょう。

家賃や携帯電話料金など、金融機関の口座から引き落とされているものが記帳されている通帳も用意します。

レシートや請求書は、37ページに挙げた支出項目ごとにまとめて、テーブルの上に並べます。

準備が整ったら、実際に家計簿をつけてみましょう。

まずは1週間から家計簿に挑戦してみよう

まずは自分に合った家計簿のフォーマットをつくります。

次に、はじめに月の手取り額を記入し、住居費や水道光熱費などの固定費を加えていきます。

最後に記入するのは変動費。レシートや請求書などをもとに、品名と金額をつけていきます。これを1週間つけてみます。問題なくできたら、さらに3週間続けてみましょう。

こうして1か月分の家計簿ができあがると、収入と支出の割合が見えてくるので、自分がどのようにやりくりしているのかが把握できます。

残高を合わせるのは、自信がついてからでも大丈夫です。

CHECK

1か月の家計簿をつけるときの基本ステップ

用意するもの

家計簿用のノート、ペン、電卓、購入したものと支払い金額がわかるもの（レシート、出費を記録したメモ、請求書、記帳した通帳など）

STEP ① 家計簿のフォーマットをつくる（➡ P.43・49）

STEP ② 月の手取り額を記入する

STEP ③ その月の固定費（➡ P.37）を記入する

STEP ④ 日々の買いものに合わせて変動費（➡ P.37）を記入していく（毎日つけるのが理想だが、1週間分をまとめてつけても OK）

1か月分の家計簿が完成！

途中で挫折したら
日付をさかのぼってつけようとせず、
また1からスタートしなさい！
だんだんコツがつかめるようになるわよ

月々の生活費はいくら？
おおまかに支出を確認

基本中のキホン
出ていくお金の種類を知ろう

34ページで、家計簿のつけ方の基本を確認したら、次に支出の種類をチェックしましょう。

支出にはどのような項目があるかを知るだけでも、家計管理の第一歩を踏み出したといえます。お金を支払うときに、それがどの項目にあてはまるのかを考えるようになるからです。

ここでは、家計簿に登場する「項目」を確認してください。

まずはざっくり！
支出項目の基本的な分け方

支出項目は、次のように10程度に分けるのが基本です。

- **住居費**…住まいに関する支出など
- **水道光熱費**…水道料金、電気料金、ガス料金など
- **交通・通信費**…通勤・通学などの交通費、駐車場代、電話料金など
- **教育費**…授業料、制服代などの学習費など
- **医療費・保険料**…検診・治療費、各種保険など
- **食費**…食品・嗜好品・外食代など
- **生活用品・美容費**…生活上の必需品代、美容院代など
- **被服費**…洋服、クリーニング代など
- **教養・娯楽費**…新聞・書籍、旅行、習い事代など
- **交際費**…冠婚葬祭費、お中元・お歳暮などの贈りもの代など

ただし、絶対にこの分類でなければいけないわけではありません。自分のルールで項目分けをしてもOKです。

CHECK

家計簿をつけ始める前に
支出項目と具体例を確認しよう

	支出項目	支出の具体例
固定費	**住居費**	家賃、住宅ローン、管理費・修繕積立金　など
固定費	**水道光熱費**	水道代、電気代、ガス代、灯油代　など
固定費	**交通・通信費**	通勤費、自動車関係費、固定電話、携帯電話、インターネット回線　など
固定費	**教育費**	授業料、教科書代、受験費用、PTA会費、塾代、参考書代　など
固定費	**医療費・保険料**	治療費、コンタクトレンズ、生命保険（掛け捨て）、医療保険　など
変動費	**食　費**	主　食：米、パン、麺類　など 副　食：魚、肉、卵、野菜、海藻、豆類、果物　など 調味料：塩、砂糖、酢、みりん、醤油、油、味噌、だし、ソース　など 嗜好品：お菓子、たばこ、酒、飲料　など 外食・調理食品：外食、そうざい　など
変動費	**生活用品・美容費**	せっけん、トイレットペーパー、洗剤、おむつ、基礎化粧品、美容院代　など
変動費	**被服費**	洋服、下着、靴、バッグ、クリーニング代　など
変動費	**教養・娯楽費**	新聞、雑誌、書籍、テレビの受信料、旅行、趣味　など
変動費	**交際費**	冠婚葬祭、贈りもの、接待・交流の食事　など
変動費	**その他**	どこにもあてはまらない支出、仕送り代　など

項目分けは家計簿のキホン！
これを押さえておけば、家計簿をつけるのがラクになるわよ

月の手取りの理想的な使い道は？

お金が貯まる！理想的な支出割合

定期的に継続して貯金をしていくためには、毎月の各支出をある程度一定にする必要があります。支出のなかでも大きな割合を占める「住居費」「食費」および、月ごとに大きく変動しがちな「教養・娯楽費」の理想的な割合は、左ページのとおりです。

これは、あくまでも理想的な割合で、家族構成や状況、手取り額によって、ある程度変わってきます。

貯金の割合は、子どもが大学や専門学校に進学し学費が最もかかる時期は月の手取り額の10％程度でもよいのですが、それ以外は20～25％以上を目指したいところ。特に、独身時代や子どもがいない時期は、貯金を増やしやすいときです。また、これからお金を貯めようという人は、20～30％を目標にしましょう。

理想の支出割合に近づくために自分の意識を変える

理想的な支出の割合を知ったとしても、たとえば「この辺の家賃相場はこのくらいだから、オーバーしていても仕方がない」とあきらめがちです。

もし、住居費が30％を超えているなら、次のように考えてみて。

①住まいを変えられない理由はある？
②理由があるとしたらそれは何？
③それは本当に妥協できないこと？

見方を変えれば意識が変わり、それまで変えられないと思っていた多くのことは変えられることに気がつくはずです。

CHECK

「貯金」と「支出」の 理想的な割合をチェック！

月の手取りに占める理想の割合

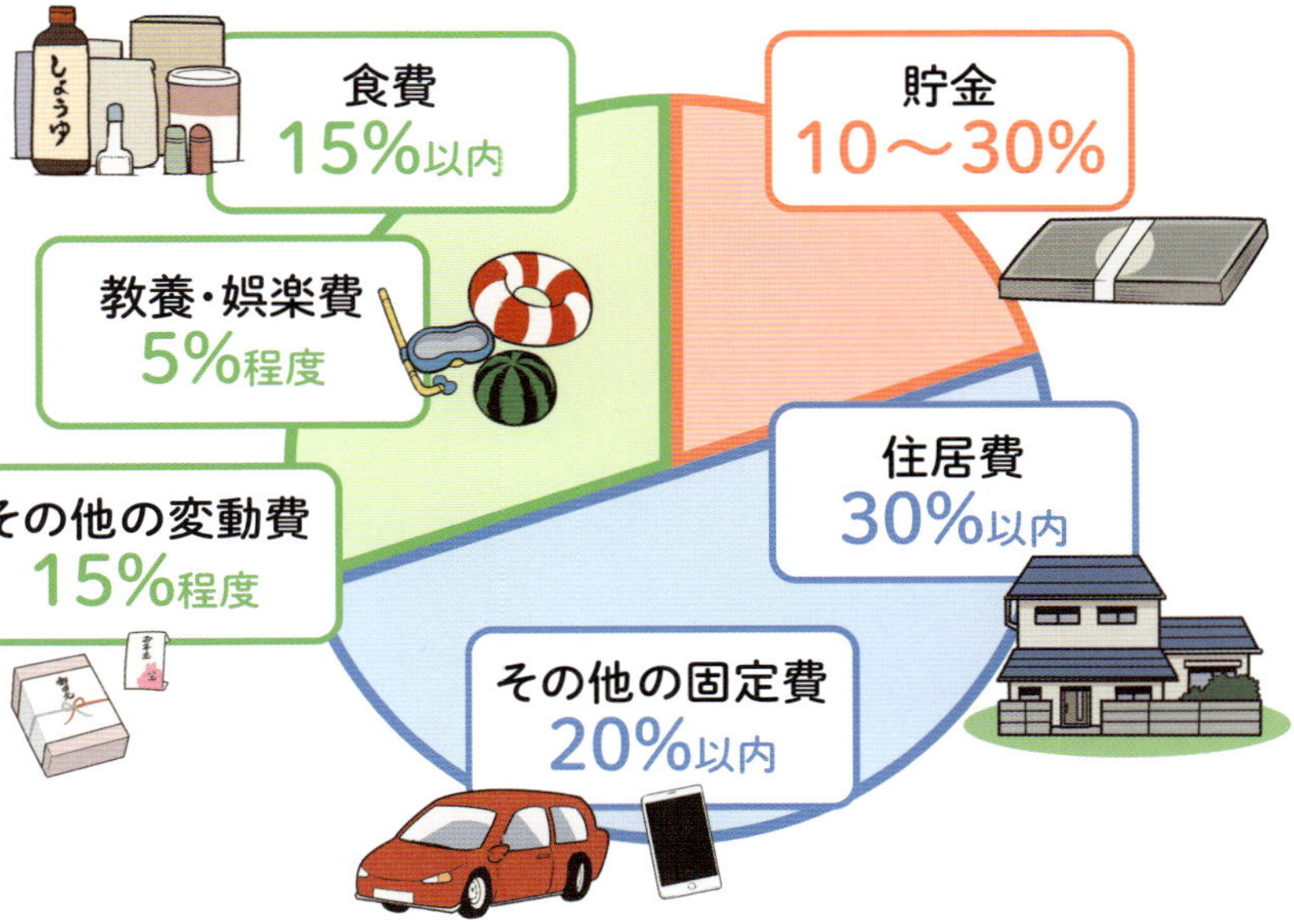

グラフはあくまでも理想であり目標値！
だけど、お金を貯めたいなら貯金の割合が
上がるように支出を抑える努力は重要!!
そのためには、意識改革が必要よ

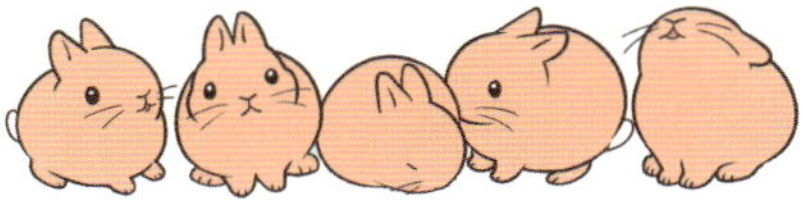

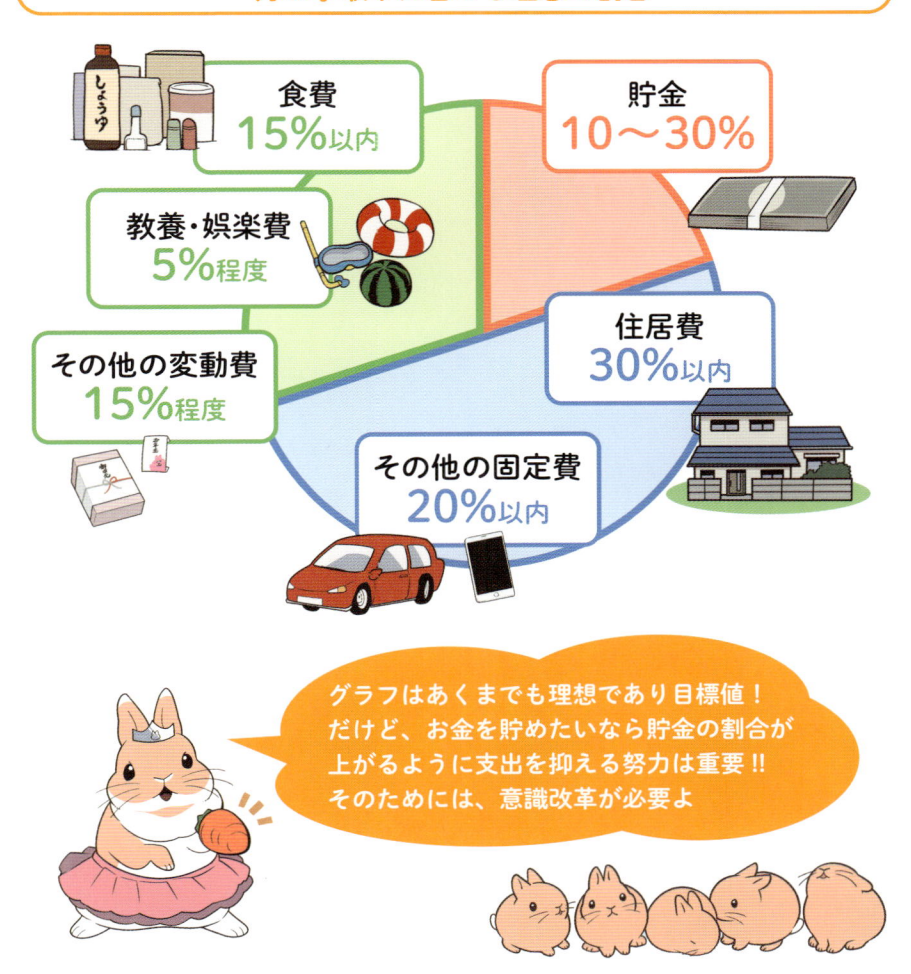

年収・家族構成ごとの

支出のベストバランス

月の手取り
20万円
のケース
(独身・ひとり暮らし)

	支出項目	収入に対する理想的な割合	1か月分の内訳
貯金	預貯金・保険(貯蓄性)	25%	50,000円
固定費	住居費	26%	52,000円
	水道光熱費	4%	8,000円
	交通・通信費	8%	16,000円
	医療費・保険料(掛け捨て)	3%	6,000円
変動費	食費	15%	30,000円
	生活用品・美容費	5%	10,000円
	被服費	4%	8,000円
	教養・娯楽費	5%	10,000円
	交際費	5%	10,000円

貯金も大事だけど、結婚後に備えたお金の使い方も大事よ！

シングルの家計でありがちなのは、食費（外食）、生活用品・美容費、被服費などが大きくなってしまうこと。もちろん若いうちは、こうした支出にお金をかけることも大切です。しかし結婚後、多くの場合は、今までどおりにお金を使うことができなくなります。そのため、独身のときから手取りの25％以上、実家暮らしの人は30％以上を貯金にまわすため、食費や生活用品・美容費、被服費の合計支出は25％程度にセーブしておきたいところです。

収入が多めの人は油断が生まれて、固定費や娯楽費が必要以上にふくらみ、貯金ができないことも。抑えるところはしっかり抑え、メリハリをつけてお金を使うようにしましょう。

memo 貯金は、月の手取りとボーナスの22～25％を貯めることとする（月の貯金額×14か月が目安）。

月の手取り33万円のケース（夫婦と子ども1人）

	支出項目	収入に対する理想的な割合	1か月分の内訳
貯金	預貯金・保険（貯蓄性）	22%	72,600円
固定費	住居費	27%	89,100円
	水道光熱費	5%	16,500円
	交通・通信費	6%	19,800円
	教育費	3%	9,900円
	医療費・保険料（掛け捨て）	3%	9,900円
変動費	食費	14%	46,200円
	生活用品・美容費	5%	16,500円
	被服費	6%	19,800円
	教養・娯楽費	3%	9,900円
	交際費	6%	19,800円

子どもをこれから持つ予定の夫婦は、教育費の分を預貯金にまわし、25～30％くらい貯めておきたいもの。

共働きのカップルは、生活するうえで必須の基礎部分（住居費、水道光熱費、交通・通信費、教育費、医療費・保険料、食費など）と貯金を、片方だけの収入でまかなうようにすると生活に余裕が生まれます。

収入が少なめの家庭は、基礎部分の割合が高くなるので、教養・娯楽費の割合を少なくせざるをえません。ほぼ自炊にして食費を抑えるなどの工夫も必要です。

memo 医療費は通常は変動費として紹介されることが多いが、本書では備えとして貯蓄するものとして固定費にカウント。

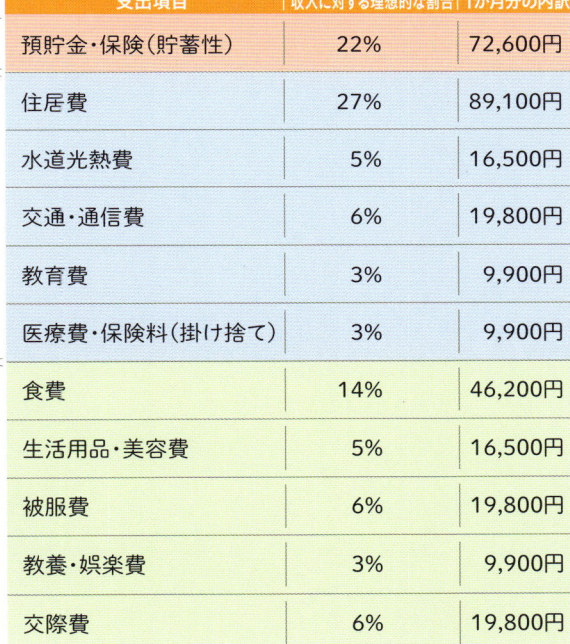

どの項目が予算オーバー？自分のお金遣いのクセをつかむ

最初はわかる項目だけ記入でもOK

37ページの表をもとに、自分がピックアップした項目を、「固定費」と「変動費」に分けて書き出してみましょう。そこに、毎月の「手取り額」と「貯金」の項目を加えて、左ページのような表をつくります。

「現状」の欄に、各項目の実際の支出金額を書き込んでいきます。はじめは、把握している欄のみでもかまいません。少なくとも、月の手取り額と住居費、水道光熱費は書き込めるはず。

各項目のパーセンテージは、「該当項目の金額÷手取り額×100」で求められます。

次に、それぞれの目標（理想）金額と手取りに対するパーセンテージを書き込んでいきます。現状の金額から目標金額を引くと、現状と目標とのギャップが見えてきます。

節約はムリのない方法でストレスにならない計画を

目標とのギャップを埋めるために調整は必要ですが、ムリな計画は禁物。水道光熱費が目標の金額を超えているからといって、暖房や冷房を必要以上にがまんして体調を崩す……なんていうことのないように。

また、最悪なくても生活できる娯楽費を節約して全体のバランスをとろうとする人も多いのですが、教養・娯楽費の節約はストレスになりやすく、かえって長続きしません。貯金を続けるためにも、楽しみはある程度確保しつつ、ムリなく減らす工夫をしましょう。

CHECK

現状を把握して目標とのギャップを確認

	現状		目標（理想）		目標とのギャップ
月の手取り	円	—	—	—	—
貯金	円	%	円	%	円
固定費合計	円	%	円	%	円
住居費	円	%	円	%	円
水道光熱費	円	%	円	%	円
交通・通信費	円	%	円	%	円
教育費	円	%	円	%	円
医療費・保険料	円	%	円	%	円
変動費合計	円	%	円	%	円
食費	円	%	円	%	円
生活用品・美容費	円	%	円	%	円
被服費	円	%	円	%	円
教養・娯楽費	円	%	円	%	円
交際費	円	%	円	%	円
その他	円	%	円	%	円

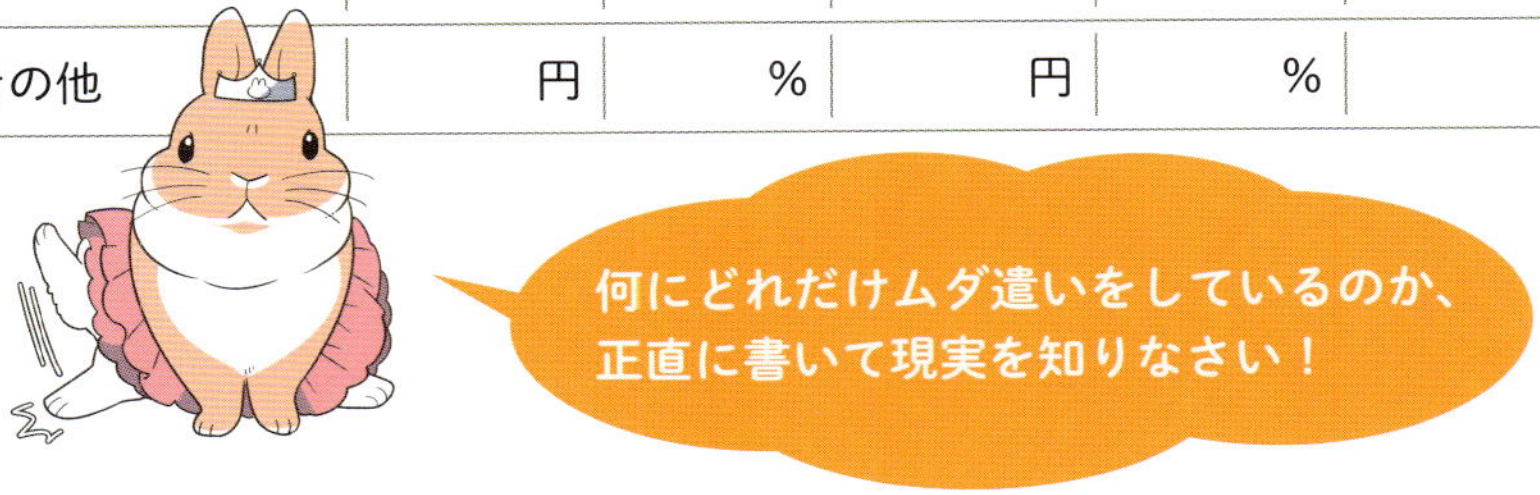
何にどれだけムダ遣いをしているのか、
正直に書いて現実を知りなさい！

食費それとも交際費？迷いがちな支出項目の分け方

支出項目の振り分けはマイルールで

家計簿をつけるときに、どの支出項目に入るのか悩むことがあると思います。たとえば、友人とカフェでランチを食べた場合は、「食費」「交際費」のどちらに振り分けるべきなのでしょうか。

基本的には、支出項目や振り分け方のルールは、自分で決めたやり方でOK。ママ友とのランチ会は「交際費」と決めてもよいですし、目的にかかわらず「食費」と決めてもよいのです。

避けたいのは、ルールが曖昧で記録にばらつきが出てしまうこと。同じ内容の出費なのに、「食費」としたり、「交際費」としたりすることはないようにしましょう。

家計簿は自分の弱点を知るツール浪費しがちな項目を重点的に

36ページでは、支出項目は10程度に設定しましたが、記録する項目を1つや2つに絞ってもかまいません。

たとえば、被服費にお金をつぎ込みがちだとわかっているのなら、被服費のみの家計簿をつけてもよいのです。

また、食費を使いすぎる傾向があるため、その詳細を知りたいのであれば、食費をさらに項目（ジャンル）分けした家計簿にすることも可能です。左ページ下部の6つの分類をもとに作成した食費のみの家計簿を51ページで紹介しているので、参考にしてください。食費の内容をジャンル分けすることで、自分の浪費のポイントが見つけやすくなります。

CHECK

迷いがちな食事代はこう分ける
支出項目の振り分け方のヒント

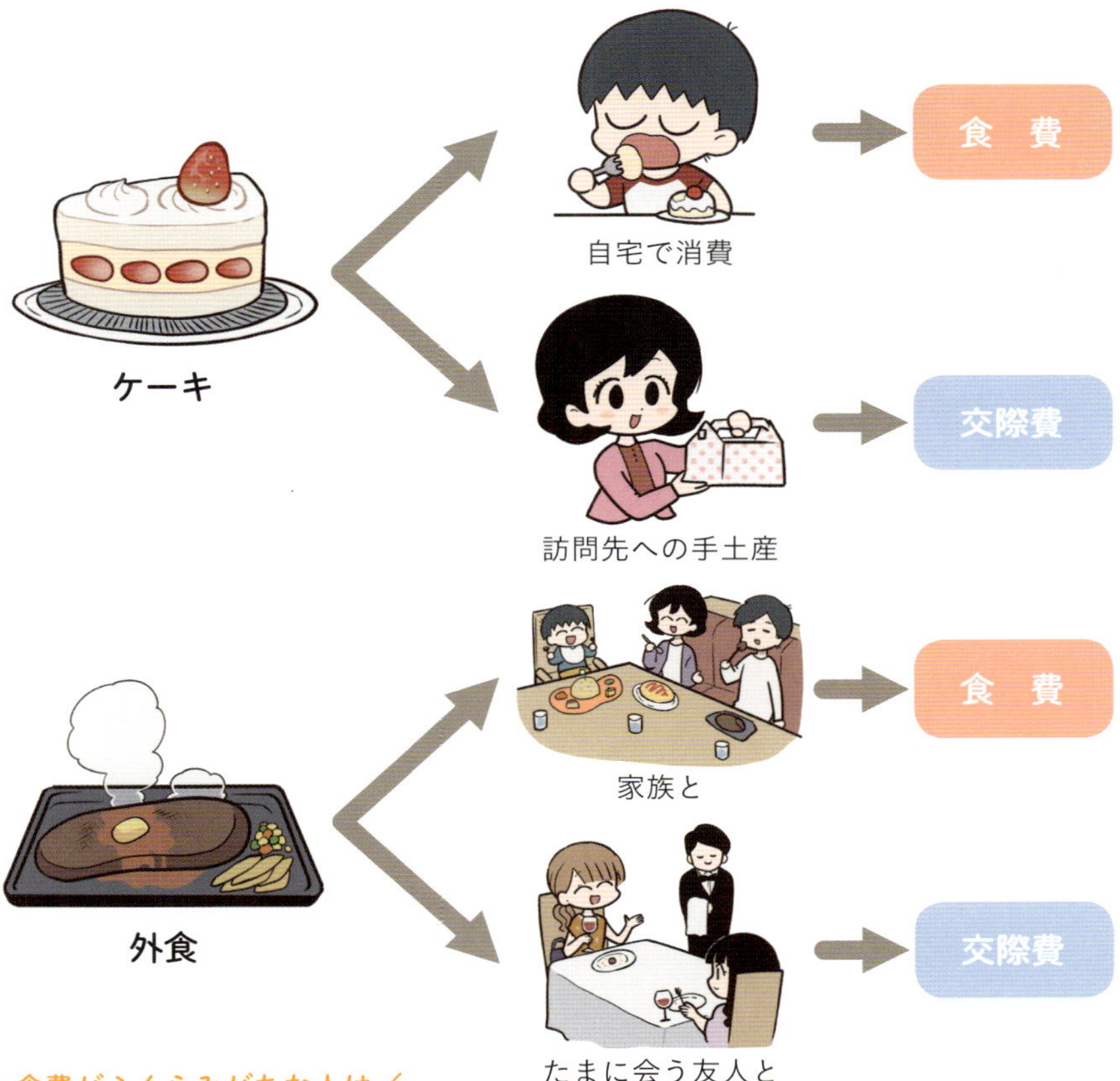

＼食費がふくらみがちな人は／

「食費」をより細かくつけるなら、次の6種類がおすすめ！

1. 主　食：米、パン、麺類など
2. 副　食：肉類、魚介類、野菜類、果物類など
3. 調味料：醤油、料理酒、ドレッシングなど
4. 嗜好品：お菓子、ジュース、酒など
5. 調理食品：弁当、そうざいなど
6. 外食

ムリなく続けられる挫折知らずのざっくり家計簿

気になる1項目だけ家計簿をつけてみよう

それでは、実際に家計簿をつけてみましょう。はじめから、しっかり家計簿をつけようとするのではなく、まずは1項目だけ、1週間つけることからスタートします。

一番気になっている、節約したい項目をひとつだけ選びます。シングルの人が多く支払いがちな「食費」や、食費のなかの「飲みもの代」に絞ってつけるのもよいアイデアです。

記録する項目が決まったら、さっそくスタート。買いものは現金払いにし、レシートがもらえるものは必ず取っておきます。レシートがもらえない場合は、手帳や付箋などにメモしておくと忘れません。あとでまとめて書くのが面倒であれば、家計簿用のノートを常に持ち歩き、購入したらすぐに書き込んでしまいます。すぐに記録できる点では、スマホアプリも便利です。

1円単位までつけなくてもOK お金の使い方のクセを知る

家計簿につける内容は次の４つ。

①日付
②購入先（店）
③品目
④金額

10円以下は、四捨五入するなど、おおまかな金額でかまいません。

左ページの例では、飲みもの代だけで６００円以上使っている日もあり、外で買う弁当などの食事代と同じくらいかかっている、などと比較することができます。

CHECK

気になる1項目だけをピックアップ
10円以下は四捨五入で記入

飲みもの代に注目してみると…

日付	5/14（月）	5/15（火）	5/16（水）	5/17（木）	5/18（金）
店名 品目 金額	うさぎ珈琲店 カフェラテ 380円 コンビニ お茶 150円 会社自販機 コーヒー 100円	コンビニ 炭酸飲料 150円 会社自販機 ジュース 100円	会社自販機 ジュース 100円 コロンビア 珈琲店 スペシャル・ モカ 580円	駅自販機 コーンスープ 130円 うさぎ珈琲店 抹茶ラテ 420円 	会社自販機 コーンスープ 100円 会社自販機 コーヒー 100円
合計金額	630円	250円	680円	550円	200円
メモ	会議があると、飲みものを買う回数が多い	食後はコーヒーかジュースがほしくなる	飲み会前に集合時間より早く着きすぎたため、友人とカフェへ	朝食を抜いたため、飲みもので空腹を満たした	節約のため、今日は飲みものを控えめにした

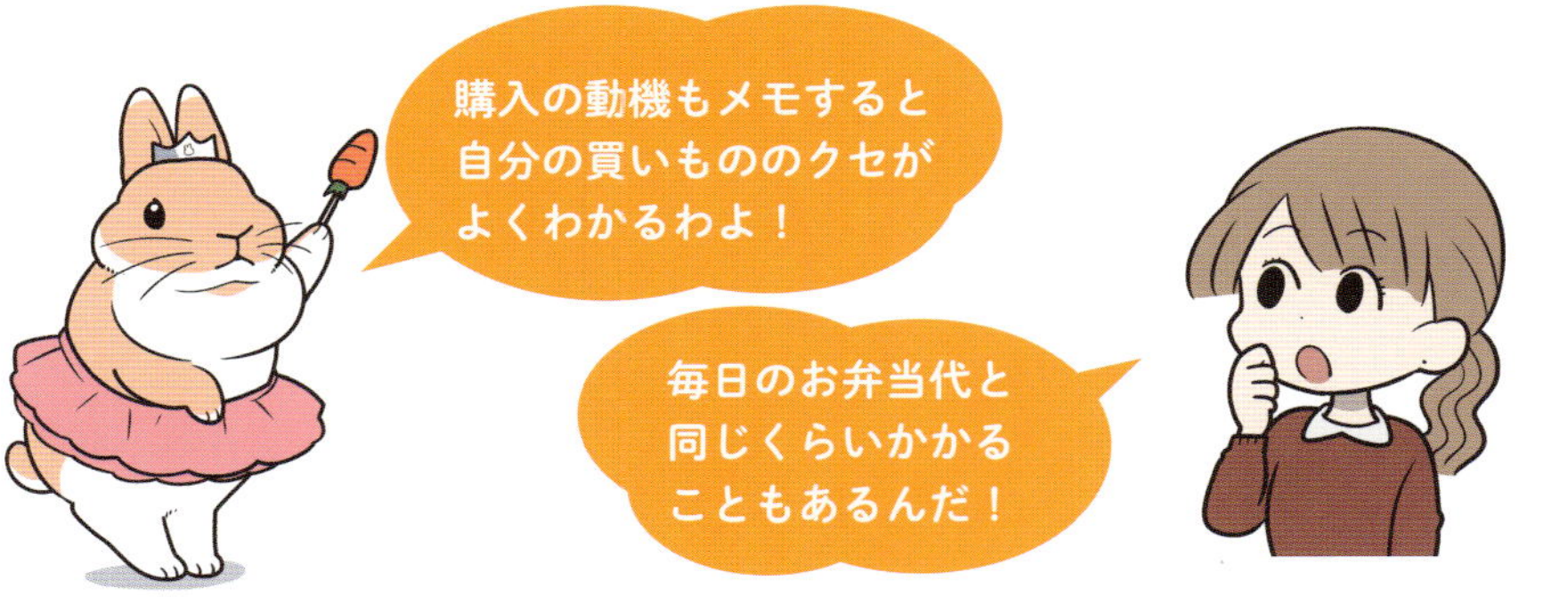

まずは1週間トレーニング 家計簿をつけてみよう！

つけ方は自由 簡単家計簿のススメ

家計簿のつけ方の基本をつかんだら、まずは1週間分の家計簿をつけてみましょう。

左ページは、37ページで挙げた項目をもとに作成したフォーマットです。記入する際のポイントを入れているので参考にしてください。

家計簿は、最初からすべての項目に記入してもよいですし、「食費」のみ、「生活用品・美容費」のみ、「交際費」のみなど、出費が気になる項目だけをつけてもOKです。

記入するのは面倒という人は、買いものをした日付の欄にレシートを貼るだけでも、あとで出費を見直すのに役立ちます。

節約したい項目に絞って 家計簿をつけるなら

たとえば、変動費のなかで最も大きな割合を占める食費の支出が気になっている場合は、食費のみの家計簿をつくります。

家計簿の項目欄には、45ページ下部に挙げた主食、副食、調味料、嗜好品、調理食品、外食の6項目のように、いくつかに分けてつけます。51ページの家計簿を参考にしてみてください。1週間以上つけてみると、食費のうちどの項目に多く出費しているのかを見つけやすくなります。

メモ欄には、購入した店名や購入したときの気持ちなどを記入しておくと、出費の傾向が見えてきて、浪費を抑える計画を練るときに役立ちます。

CHECK

できるところ、気になる項目から家計簿にチャレンジ

1 収入、貯金、固定費（予定金額）を記入

収入（手取り）	円
貯金	円

	項目	金額（予定金額）	支払日
固定費	住居費	円	日
	水道光熱費	円	日
	交通・通信費	円	日
	教育費	円	日
	医療費・保険料	円	日

2 日々の買いものに合わせて変動費を記入

1週間分の日付・曜日

週の合計金額

	5/14（月）		5/15（火）		5/16（水）		5/17（木）		5/18（金）		5/19（土）		5/20（日）		14～20日の合計	
	内容	金額	内容	金額	内容	金額	内容	金額	内容	金額	内容	金額	内容	金額		金額
食費															食費	
生活用品・美容費															生活用品・美容費	
被服費															被服費	
教養・娯楽費															教養・娯楽費	
交際費															交際費	
その他															その他	
合計																
メモ																

項目

1日の合計金額

やりたいときが始めどき。月始めや月曜日から始めなくてもOK！

書き込むのは面倒という人は、該当欄にレシートを貼るだけでもOK！

メモ欄には、支払いの具体的な内容に加えて、そのときの気持ちや状況などを記入しておくと役立つことも

できれば、週ごとに、項目ごとの合計金額を出す。1週間×4回で1か月分になるので、月の手取りに対する割合が出る

麻衣と彩の

1週間家計簿を見てみよう！

49ページを参考にして、My家計簿を作成してみたわ。1週間つけてみると、意外と財布のヒモがゆるいことが判明

彩の家計簿

	5/14（月）		5/15（火）		5/16（水）		5/17（木）		5/18（金）		5/19（土）		5/20（日）		14～20日の合計	
	内容	金額	内容	金額	内容	金額	内容	金額	内容	金額	内容	金額	内容	金額		金額
食費	弁当 お茶	540 100	弁当 コーヒー	480 100	外食	900	パン ヨーグルト コーヒー	480 120 100	弁当 ジュース	580 100	パン パスタ 野菜 ベーコン 鶏肉 鮭切り身 ヨーグルト	150 220 530 300 320 280 140			食費	5,440
生活用品・美容費			シャンプー&リンス	1,560	化粧水	1,280									生活用品・美容費	2,840
被服費													ワンピース	4,100	被服費	4,100
教養・娯楽費	資格本	1,080			雑誌	540									教養・娯楽費	1,620
交際費													パンケーキセット 外食	1,280 2,000	交際費	3,280
その他															その他	
合計		1,720		2,140		2,720		700		680		1,940		7,380		17,280
メモ					同僚に誘われて、外でランチ。						1週間分の食材を買い出しに。		デートでお茶&外食。夕食はワリカン。			

うさぎ先生・キャーロット様からのアドバイス

1

節約をしてるなら、ランチの飲みものは、自宅から持参しなさい！

2

人からの誘いに乗るのは、たまにはOK。でも、回数がかさまないように！

3

そのワンピース、衝動買いしていない？　高くないからって、油断は禁物！

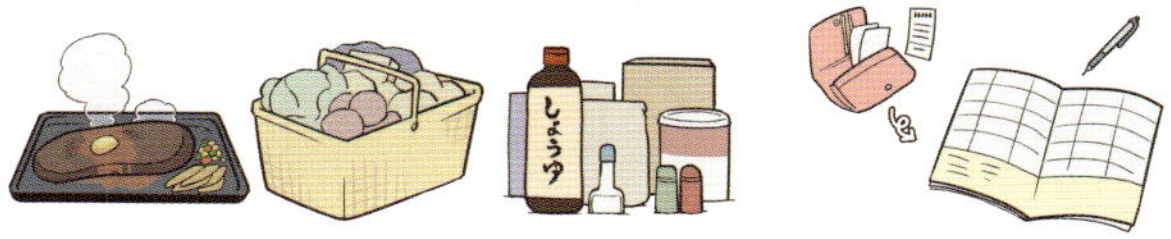

わが家は、支出が気になる食費のみの家計簿をつけてみることにしたの。細かく分けると、どこに浪費しているのか見えてくるわね

麻衣の家計簿

	5/14（月）		5/15（火）		5/16（水）		5/17（木）		5/18（金）		5/19（土）		5/20（日）		14〜20日の合計	
	内容	金額	内容	金額	内容	金額	内容	金額	内容	金額	内容	金額	内容	金額		金額
主食	食パン	150											米	1,800	主食	1,950
副食	鶏肉 野菜	270 420	たまご	220	野菜 ソーセージ	320 980	牛乳 フルーツ	150 280			魚 きのこ×2 野菜	600 270 250	牛肉 野菜 しらたき	880 480 90	副食	5,210
調味料													マヨネーズ	280	調味料	280
嗜好品	お菓子	200			ジュース 発泡酒	200 800							お菓子	500	嗜好品	1,700
調理食品			そうざい	600			弁当	1,230							調理食品	1,830
外食											外食	3,200			外食	3,200
合計		1,040		820		2,300		1,660		0		4,320		4,030		14,170
メモ	必要最低限の買いもので済ませた。最近、野菜が値上がりしている。		寝不足で疲れていたため、夕食の一部をそうざいにした。		セット価格につられて、ソーセージを3袋まとめ買いしてしまった。		夫が飲み会だったので手抜き。		今日は、これまでの買い置きで済ませた。		夕食は、家族で外食（うさぎ亭）。		家族で買い出しに。大和にせがまれて、ついお菓子を買いすぎてしまった。			

うさぎ先生・キャーロット様からのアドバイス

1

食料品はこまごま買い足すより、まとめ買いのほうが食材も時間も節約に。1週間分の献立を考えておいて、家族で買いものに行く週末にまとめ買いすることを考えてみたら？

2

がんばりすぎず、たまには手抜きもOK。でも、まだまだ食費はダイエットできるわ。嗜好品、調理食品、外食を見直しなさい！

家計簿とレシートで振り返り ムダ遣いを診断

家計簿をつけるより家計簿の振り返りが大切

1項目だけ家計簿やレシート集めを実践した人、あるいは本格的に家計簿をつけたことのある人は、次のステップに進んでください。

レシートを集めたり、家計簿をつけたりする目的は、家計の現状を把握するため。だからこそ、ここで終わりにしては意味がありません。これまでの作業が生かされるかどうかは〝振り返り〟をするかどうかにかかっています。

蛍光ペンで色分けしてムダ遣いをチェック

家計簿やレシートを見ていると、はじめのうちは金額、特に高価な値段に目が行きがちです。しかし、それよりも大事なことは、次の2点です。

①買った理由
②必要度の高さ

高価なものでも、必要な理由が明らかで、ないと困るものなら、胸を張って買ってよいのです。逆に、①・②が明確でないものは、ムダ遣いの可能性が高いといえます。

このような観点から買いものを見直し、明らかにムダ遣いだったと思う商品、サービスには、蛍光ペンで印をつけていきましょう。ムダ遣いかどうか判断に迷うものは、違う色で印をつけます。すると、家計簿のなかで、「ムダ遣い」と「ムダ遣いかもしれない」が、一目瞭然になります。

このようにして家計を振り返ることを続けていくと、自分なりの改善ポイントが必ず見えてきます。

CHECK

家計簿・レシートの振り返りで ムダ遣いをカット

	5/14(月)		5/15(火)		5/16(水)	
	内容	金額	内容	金額	内容	金額
主食	食パン	150				
副食	鶏肉 野菜	270 420	たまご	220	野菜 ソーセージ	320 980
調味料						
嗜好品	お菓子	200			ジュース 発泡酒	200 800
調理食品			そうざい	600		
外食						
合計		1, 040		820		2, 300
メモ	必要最低限の買いもので済ませた。最近、野菜が値上がりしている。		寝不足で疲れていたため、夕食の一部をそうざいにした。		セット価格につられて、ソーセージを3袋まとめ買いしてしまった。	

ムダ遣いだった！

ムダ遣いだったかも！？

○×ストア
△△店
〈領収証〉
2018年5月16日（水）16:08

000	野菜	￥315
000	ソーセージ	￥980
000	ジュース	￥198
000	発泡酒 6本セット	￥798
合計	4点	￥2,291
(内税		￥170)
合計		￥2,291
お預り		￥2,301
お釣り		￥10

○○○○○ No.0000000

ムダと思ったものはピンク、迷うものはグリーンで印をつけてみたよ。家計簿のメモでそのときの気持ち、買った理由がわかることがあって便利！
家計簿はつけて安心しちゃダメ。つけたあとにしっかり振り返って次に生かすこと！

手書き派？デジタル派？自分に合った家計簿の選び方

初心者はシンプルな手書きの家計簿がおすすめ

「さあ、家計簿を始めよう！」と思っても、バリエーション豊かな家計簿のなかからどれを選べばよいのか、悩む人もいるでしょう。

初心者や続ける自信がない人には、手書きの家計簿がおすすめ。項目がびっしり書かれているスタンダードな家計簿を選んでしまうと、挫折しやすいので、項目を自由に書き込めるシンプルなものがよいでしょう。1項目だけ、または自分で決めた項目だけを並べた家計簿をつくることができ、続けやすいためです。続けていくと自分の弱点がわかってきますし、続ける〝体力〟もついてくるので、意欲的になれます。

手軽さをとるならスマホアプリ こだわり派にはエクセル

最近は、スマホの家計簿アプリも充実しています。その場ですぐに記録できるので、あとから思い出す手間が省けて便利です。隙間時間で家計簿をつけられるので、スマホの操作に慣れている人には、おすすめです。

パソコン作業が得意な人なら、エクセルでオリジナルの家計簿を作成したり、家計簿ソフトを利用したりしてもよいでしょう。エクセルは、さまざまな切り口で集計できるので、分析好きな人には向いています。

アプリやソフトには、さまざまなタイプのものがあるので、いろいろと見比べて、使いやすそうなものを選びましょう。

CHECK

それぞれの家計簿の特徴を知り上手に活用してみて

手書きの家計簿

書かずにレシートを貼り込んだり、買ったものや行った場所の写真を貼って日記風にするなど自由度が高いので、楽しみながら続けられる

スマホアプリ

ラクチン!
家計簿アプリ

その場ですぐに記録可能。カメラ機能を使ってレシートを読み取るだけで、項目ごとに集計しグラフ化されるものもある

パソコンソフト

自動集計機能のあるエクセルを使えば、家計管理が快適に。自分仕様にカスタマイズできるうえ、分析も得意なので、こだわり派におすすめ

スマホとパソコンの両方を使いこなせるなら、連動タイプのソフトも便利よ！

PDCAサイクルで家計簿を回して ムダを省こう！

家計簿をつける目的は お金の動きを理解するため

支出の管理の仕方と節約のコツをつかんだら、いよいよ「貯金」のための家計運用をスタートさせましょう。

はじめにすべきことは、あなたが、「何にいくらかけているか」を知ること。現状を把握しなければ、家計の運用はできません。ダイエットでも、ウエストを1センチ減らすには、まずウエストを測って現状のサイズを確認しなければ始まりませんよね。家計もそれと同じ。だからこそ、家計簿をつけることは大切なのです。

家計簿をつけると 支出が減っていく!?

家計簿をつけるときは、ＰＤＣＡサイクル（⬇P.18）を活用しましょう。

家計簿をつける場合のＰＤＣＡは、次のとおりです。

- **P（Plan・計画）**…いくら貯金するかなど家計の目標を立てる
- **D（Do・実行）**…家計簿をつける
- **C（Check・評価）**…1か月の支出内容を確認する
- **A（Action・改善）**…ムダを省く策を練り、次の月にもっと上手にお金を使えるよう検討する

「C」で、何にいくら使ったのかを振り返ることで、ムダな支出が見えてきます。「目的もないのに、頻繁にコンビニや100円ショップに立ち寄っていた」など、反省すべき行動が見えてくるかもしれません。こうして自覚するだけで、自然とムダな支出は減っていきます。

CHECK

家計簿はムリしてつけない 楽しく続けられるコツを見つける

目的は、「家計簿をつけること」じゃなくて、「自分のお金の動きを知ること」と覚えておきなさい！

家計簿

好きなノートを使う、便利そうなアプリを使うなど、自分好みの家計簿を見つけよう！

798円
→ 800円

細かいことは気にしない。1円・10円単位は、四捨五入してしまおう！

コンビニ

家計簿アプリは、外出先でも手軽に記録できるのが魅力。レシートがいつの間にかどっさりたまる事態を回避しやすい

たのしい
かけいぼ

嫌になったら休んでもＯＫ。休んだ分をムリに思い出そうとせず、リセットする潔さを持とう

COLUMN 1

教えて！キャーロット様

Q

家計簿をつけたことがないため、収入と住居費くらいしか把握していません。そのため49ページの表に書き込めない部分があります。

A

わからない項目は、最初は書き込まなくていいわ。まずは、気になる項目だけをピックアップした「1項目だけ家計簿」やレシートの管理で知りたい支出を把握して、書き込める項目を増やしていくこと。

Q

「1項目だけ家計簿」が1か月できたので、アプリを使って簡単そうな家計簿を始めたのですが、手元にある実際のお金と計算が合わずに困っています。

A

収入と支出の両方を管理する一般的な家計簿で挫折しやすいのは、計算が合わないことが多いから。収支が合わなくても少しくらいなら、そのまま続けても大丈夫。また、リセットして、新たに始めてもいいわ。とにかく、家計簿をつける習慣を続けることが一番大事なの。

第2章

いざ貯金！
もったいない支出のダイエット

ぐ～～…
レシートを分類してみたら…
ネットショッピングの請求書が意外に多い…！
ドラッグストア
ネット
スーパー
え～なんでだろ～
？
スゥゥ…
？
カレーの材料時間ないからネットスーパーで買っといて！
わかったー
あ、ついでにあれも…コレも…
カチッ
あ、コレママ友がおすすめしてたやつだ～
かわい～～安～～い！
ポチッ
あ～～…
落ち込んでる場合じゃなくってよ
うわっ
ムダ遣いに気づけたら来月はそれをカットするの
支出ダイエットよ
あっキャーロット様就寝スタイルかわいい…♡
明日はお休みだったわね
みっちり指導するわよ！

翌日
わーい公園
まってー
キャッキャッ
あーノドかわいた
キャロットジュースが飲みたいわ
ぐちゃあ…
グサッ
あーいかにも貯まらない財布ね太りすぎた
メタボ財布
ハッ
メッ…メタボ…!
カードやレシートでパンパンじゃない!
あらっ、おなかもメタボって
メタボ財布
ぽっこりおなか
え～でもポイントカードは大事じゃない?
貯まったら割引になるわけだし……
ふっ……浅知恵ね
どうせポイントアップデーに余計なものまで買ってるんでしょう?
お買い得♪
前にも買ったんだった…

みんなーっ集合っ！
ぴょ〜んっ
支出のダイエットをするなら財布の中身は常にシンプルに！
ほりほり
貯まる財布
=
シンプルな財布
貯まる財布の中身
現金
1週間分をまとめて
引き出し
必要以上に
入れておかない
ポイントカード
うさ屋
よく使うお店のものを
5枚まで
キャッシュカード
1枚までが理想
（クレジットカードは
持たないのが理想）
レシート
その日のうちに分類。
財布に入れっぱなしに
しない
スッキリ
1000
1000

クレジットカードは利用する枚数が多いと引き落としのトータルが計算しにくくなるわ
クレジットカード払いは未来からの借金!!
…
確かに…
食料品
洋服
外食
これもカードぞ!
さて
次は買いものチェックよ!
は〜い!
タタタッ
—街中—
わ〜かわいい…いいなぁ
高いから買えないし…
私には似合わないけど……
もうちょっと大きくなったらこの子にも習い事させてあげたいな…
音楽教室
新型のパソコンいいな——
大輔もいろいろがまんしてるよね………
…

スーパー
うさや
やっぱり買えるもののなかでかわいいものを探すしかないよね!
……
ビール安かったよー
おかしかってー
どっさり
たまにはおしゃれカフェで食べたいけど高いし………
ハンバーガー
今日は楽しかったね～
さて今日の買いものの感想を聞かせなさい
はいっ!
安いものを選んで上手に買いものができたと思います!
おだまりッ
キャ
本当にほしいものは買えず、たいしてほしくないものにお金が消えている!
お金が減っているのに満足もできてないなんて最悪よ!!
痛い…
ブッ
ブッ

だってだって…高いものは買えないんだからがまんするしかないじゃない…!
え〜〜ん
ほしい服
安い服
そうやってがまんした結果ストレス解消に安くていらないものを買うなんて
バカバカしい!
私が教えるのはがんばらない貯金
支出をダイエットするときも
ムリにがんばらなくてもいいのよ
キャーロット様…
おふろあがったよ〜
本当にほしいもの家族のために買いたいものは
がまんしたくないわよね
ただしムリはしなくていいけどムダは禁物!
ムダな支出をカットするコツをこれから紹介するわ!
…で?今日のレッスン料は?
あっ ニンジン買い忘れた!!

収入がアップしなくても貯金は今すぐできる！

収入アップより支出カットのほうがカンタン

「お給料が上がれば、貯金ができるのに」と考えている人は多いと思います。転職？　副業？　でもどれも、あなたがコントロールするのが難しいことばかり。

それに、貯金の習慣がない人は、収入が増えた分、買いものをしがち。「がんばったからご褒美旅行に行きたい」「ワンランク上の化粧品がほしい」などと考えてしまいそうです。それでは貯金はできませんよね。

ちょっとした支出カットで意外なほど節約できる

それに比べると、支出の削減はずっと簡単。自分が決心さえすれば、すぐに始められるのですから。

たとえば、あなたが平日、毎日コンビニで１５０円の飲みものと３００円のスイーツを買うとします。１日の合計は４５０円。それほど大きな金額ではありません。

でも、１週間なら４５０円×平日５日＝２２５０円、１か月なら４５０円×約平日20日＝９０００円。１万円近い出費になります。これを1年間続けると10万８０００円。さらに、10年間では１０８万円、30年間では３２４万円です。積み重ねると、意外に大きな金額になります。

すべてを省く必要はありませんが、飲みものは外では買わず家からお茶を持っていく、スイーツは2日に1回にするなど、工夫してみてはいかがでしょうか。

CHECK

自分の行動を振り返り 意外と多いムダな支出を減らそう！

現状1
コンビニで新しいスイーツを見るとつい買ってしまう
→
改善1
コンビニに立ち寄る回数を半分に減らしてみよう

現状2
重複買いをしがち
→
改善2
家にあるストックを確認してから買いものに出かけよう

現状3
衝動買いが多い
→
改善3
目的以外の買いものは、お財布を開ける前にひと呼吸。本当にほしいものか考えてから購入を

現状4
「〇割引」「セール」という言葉に弱い
→
改善4
セールに行くときは、買うものをリストアップしたメモを持っていき、リスト以外のものは買わないように

現状5
人からの誘いは断れない
→
改善5
人間関係を円滑にするために付き合いは大切。でも、積極的に参加したいというものでなければ、3回に1回は断る勇気を持とう

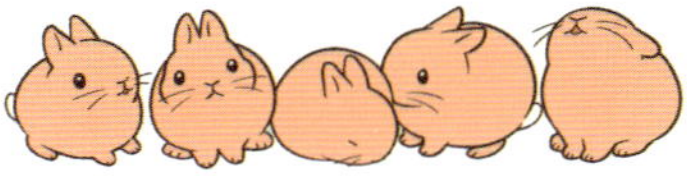

ムダ遣いを防ぐ①
財布の中身を整理しよう！

財布の中身はシンプルに必要以上に入れない

ムダ遣いを防ぐには、できるだけお金を持ち歩かないほうがよい、これは真実です。でも、心配性の人はどうしても、財布にいろいろなものを入れてしまいます。まずは、財布の中身を全部出してみましょう。

現金は1週間分、たとえば1万円と決めたら、それを守ります。「使いすぎてあと2日は何も買えない」ということにならないよう、1日分ずつを封筒に小分けして、予算オーバーを防ぐのもひとつの手です。

万が一のときの予備費として、別の1万円を財布の一番取り出しにくいところに入れておけば、何かあっても安心です。

カード類は厳選して枚数を絞る

貯金ができるようになるまで、支払いにクレジットカードを使わないのが理想です。

購入の記録を残したい場合は、デビットカードを利用してもＯＫ。クレジットカードと違い、使うと同時に銀行口座から引き落とされるため、口座残高以上に使いすぎる心配はありません。

電子マネーを持つときは1枚だけにして、クレジット機能がついていても絶対に使わないというルールにします。

いろいろなお店が発行しているポイントカードは消費を促すためのものなので、財布に入れておくのは5枚以内に絞りましょう。

CHECK

中身をシンプルにすれば 財布が使いやすく貯金もできる

ムダにお金を使わないためには、財布の中身はこんなふうに整理すると使いやすいわよ

現金

1週間分だけ入れておく。お札は向きを揃え、種類ごとに並べておく

電子マネー

持つ場合は、1枚まで。クレジット機能はついていても使用しない

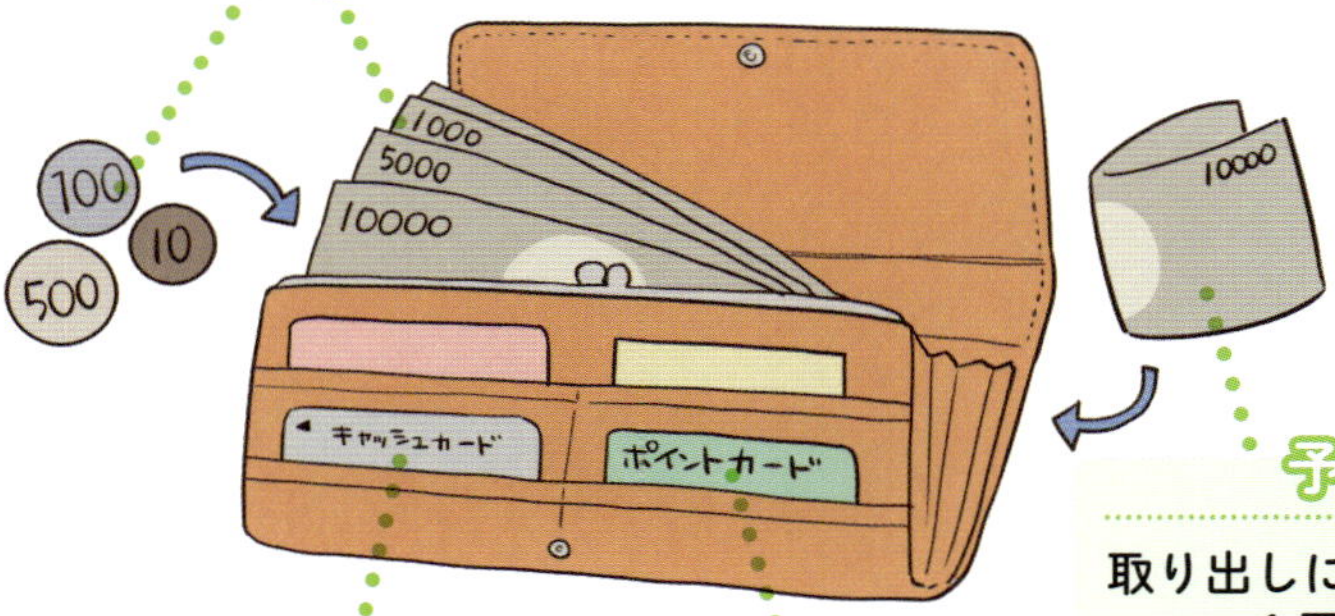

予備費

取り出しにくいところに1万円札を1枚入れておく

キャッシュカード

1枚のみ。デビット付きキャッシュカードや、デビットカードでもOK

ポイントカード

今日行く予定のお店のもののみ、または、ふだんよく行くお店のものを5枚以内

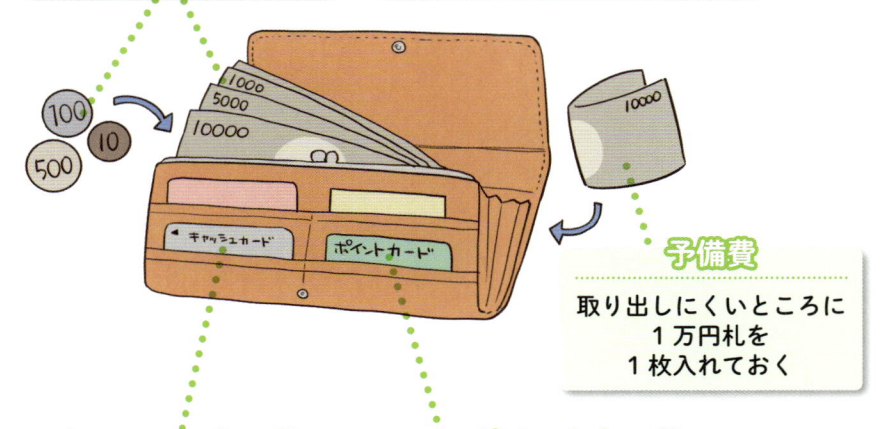

ムダ遣いを防ぐ②
カード利用はなるべく絞る

クレジットカードは「未来からの借金」と心得よう

クレジットカードでの支払いは、「未来からの借金」という事実から目をそらさないで。銀行の口座残高と関係なく決済できることから、クレジットカードのリボ払いで買いものをするうちに大きな借金を抱えてしまう人も。

貯金初心者は持たないのが理想ですが、利用明細がきちんと残るため、上手に使えば家計管理に役立つという利点もあります。そうしたことから、家賃や水道光熱費、携帯電話の通信費など、毎月ほぼ定額で支払う用途には向いているといえます。

支払い額に応じてポイントが貯まるのも魅力的ですね。こうした用途なら財布に入れておく必要もないので、無計画な消費につながることもありません。

クレジットカードはつくるなら1枚だけ

クレジットカードはつくるなら1枚だけに。利用額を把握しやすいうえ、ポイントがひとつにまとまるので、複数枚使い分けるよりもメリットが大きくなります。

契約するなら、年会費無料のものがおすすめ。年会費のあるものでも、空港のラウンジを利用できるなど、付加サービスを利用することでもとが取れるものならOK。ポイントの還元率や交換のしやすさも要チェック。商品やマイルとの交換より、キャッシュバックのほうが節約につながりやすいといえます。

CHECK

クレジットカードの支払いがないと 貯金にまわせる額が増える!?

夫
ふたりの
月の手取り
33万円
妻

クレジットカードの支払いが

ある場合		ない場合	
毎月の貯金＋自己投資＋交際費	3万円	毎月の貯金＋自己投資＋交際費	8万円
クレジットカードの支払い	5万円		
毎月の決まっている出費	25万円	毎月の決まっている出費	25万円

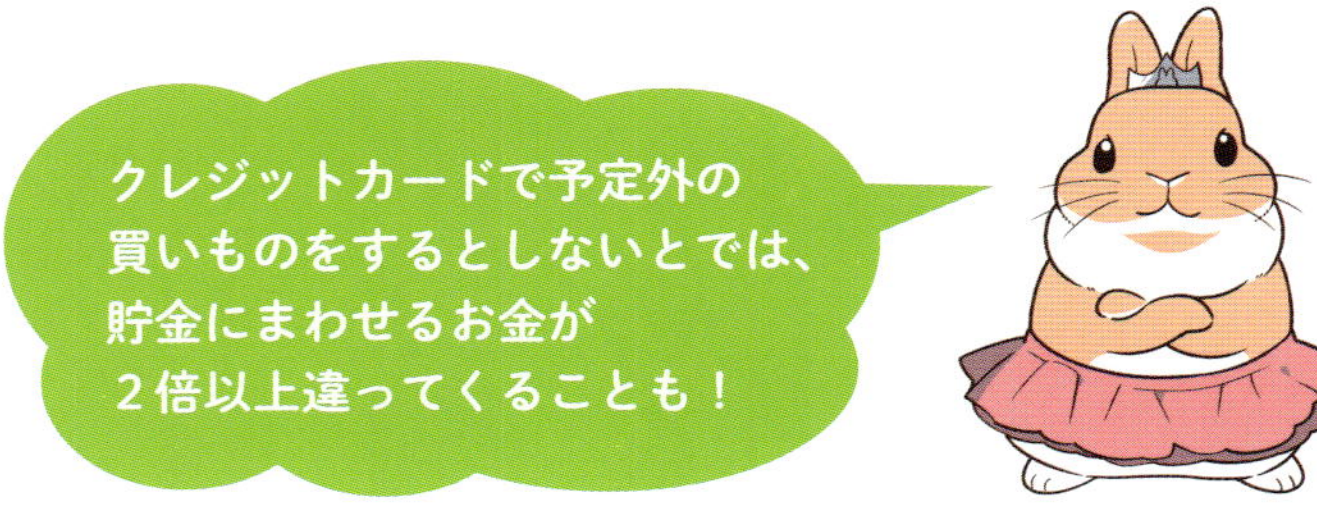

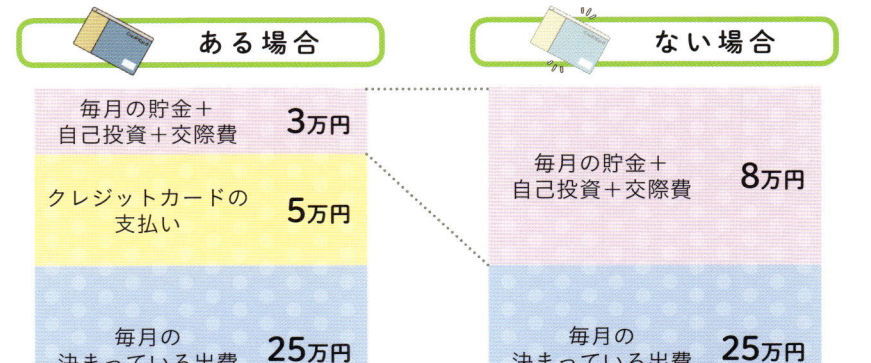

クレジットカードで予定外の
買いものをするとしないとでは、
貯金にまわせるお金が
２倍以上違ってくることも！

ムダ遣いを防ぐ③
家計は週単位で管理する

1か月分の変動費は4等分し週単位でやりくり

家計は1か月単位で計画するのが基本ですが、月の前半に使いすぎてしまうなど、なかなかうまくいかないもの。そういう場合は、食費や生活用品・美容費などの変動費を週単位で管理しましょう。1か月分の予算を４等分することで支出のバランスが取りやすく、予算内に収めるのがラクになります。

40ページの彩を例に挙げると、食費や生活用品・美容費などの変動費の予算は、合わせて6万８０００円。この金額を４で割った1万７０００円が、彩の1週間分の変動費です。

使いすぎを防止するため、財布に入れるのは1週間分の予算のみにするのが理想です（予備費は別➡Ｐ．69）。週のはじめに銀行口座から1週間分を引き出すようにすると、お金の流れがシンプルになります。場合によっては、支出項目ごとに袋で小分けしておくのもよいでしょう。

週単位で家計を管理すると調整もしやすい

1週間分の変動費の予算を決めたら、そのなかでやりくりするのが理想ですが、週によって多少のばらつきは出るでしょう。週の予算が足りなくなったら翌週分から前借りし、翌週は前貸し分を引いた額でやりくりします。

逆に、余った場合は貯金に回してもよいですし、趣味・娯楽などのお楽しみ費に回してもよいでしょう。こうして楽しみを用意しておくのも、節約のモチベーションにつながります。

CHECK

1か月分の予算を4等分して 週単位で管理してみよう！

STEP 1 1か月分の変動費を確認

食費　　円 ＋ 生活用品・美容費　　円 ＋
被服費　　円 ＋ 教養・娯楽費　　円 ＋ 交際費　　円
＝ A　　円

STEP 2 1週間分の変動費の予算を決める

A　　円 ÷ 4（週間） ＝ 　　円

STEP 3 1週間分の予算を財布に入れ、やりくりする

- 予算は週ごとに銀行口座から引き出すようにすると、管理しやすい
- 基本は月曜日スタート。土・日曜日は出費が多くなりがちなので、平日の出費を控えめにしておくと予算内に収めやすくなる

STEP 4 不足した場合

翌週分から前借り。その分、翌週の予算から差し引く

STEP 4 予算どおり

理想的な予算配分。その調子でがんばって！

STEP 4 余った場合

余った分は、すぐに使っても、貯めてから使ってもＯＫ！

ムダ遣いを防ぐ④
家計は「ふたりの財布」で管理

夫婦で別財布だとお金が貯まらない!?

共働きで収入が多い夫婦は、本来はお金を貯めやすいはず。なのに、どうしたわけかまったく貯まらないということは、よくあります。

こうした世帯の多くは、〝夫婦別財布〟という共通点があります。それぞれが、自分のほしいものや趣味などに自由につぎ込み、心のどこかで相手をあてにしていたら、実はお互いに貯金がゼロだったということも。

そこでおすすめしたいのが、夫婦の全収入を合わせた「ふたりの財布（家計用の口座）」で家計を管理する方法。ひとつの財布（口座）をふたりでやりくりすれば、お互いが監視役になり、ムダ遣いを抑える効果もあります。

お金のことは夫婦間でオープンに

「ふたりの財布」をつくったら、そこから貯金をするのはもちろんのこと、被服費や小遣いも、そこから割り振ります。家計がひとつにまとまっているため家計管理がしやすく、ムダなくお金が貯まる傾向にあります。

ただ、どちらか一方に管理の負担が増えたり、自由に使えるお金が少なくなりストレスを感じたりするようなら考えもの。

その場合は、住居費や食費など家族の生活に必要なお金だけを「ふたりの財布」で管理し、貯金と小遣いは各自で管理するのも一案です。それぞれが家計に入れる金額は、収入に応じた比率とするとよいでしょう。

CHECK

「ふたりの財布」で管理すれば節約と貯金がしやすくなる

完全共通型
全収入をひとつの財布（口座）で管理

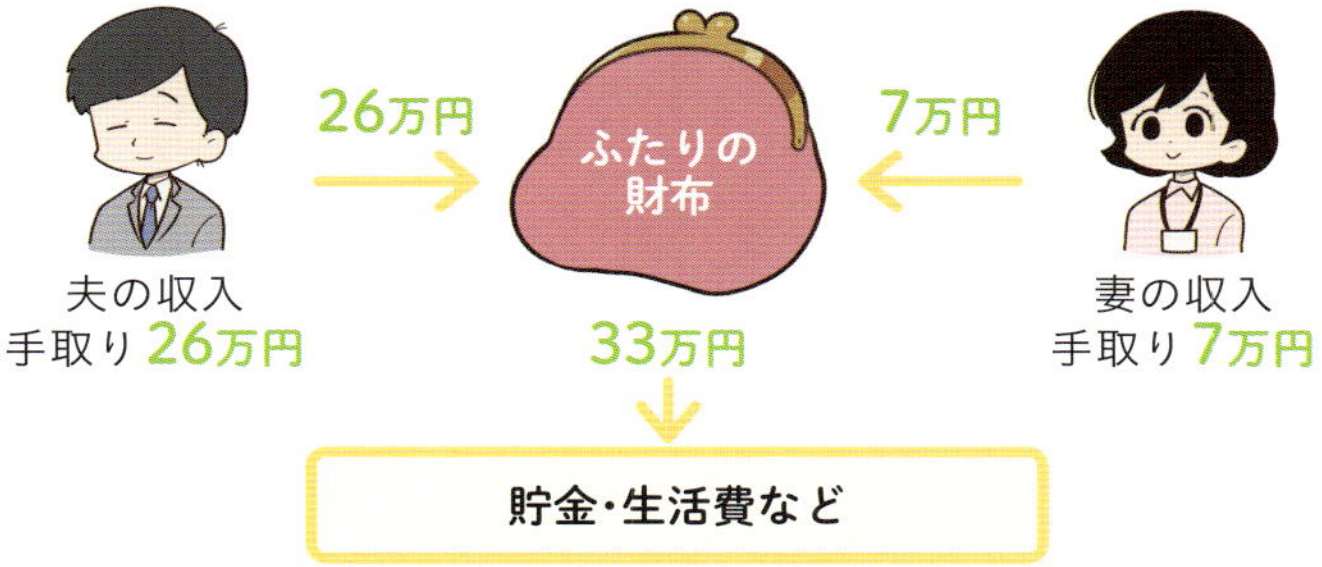

貯金、生活費などのすべてのお金が「見える化」できるので、節約しやすく貯めやすい

一部共通型
住居費、食費などをひとつの財布（口座）で管理

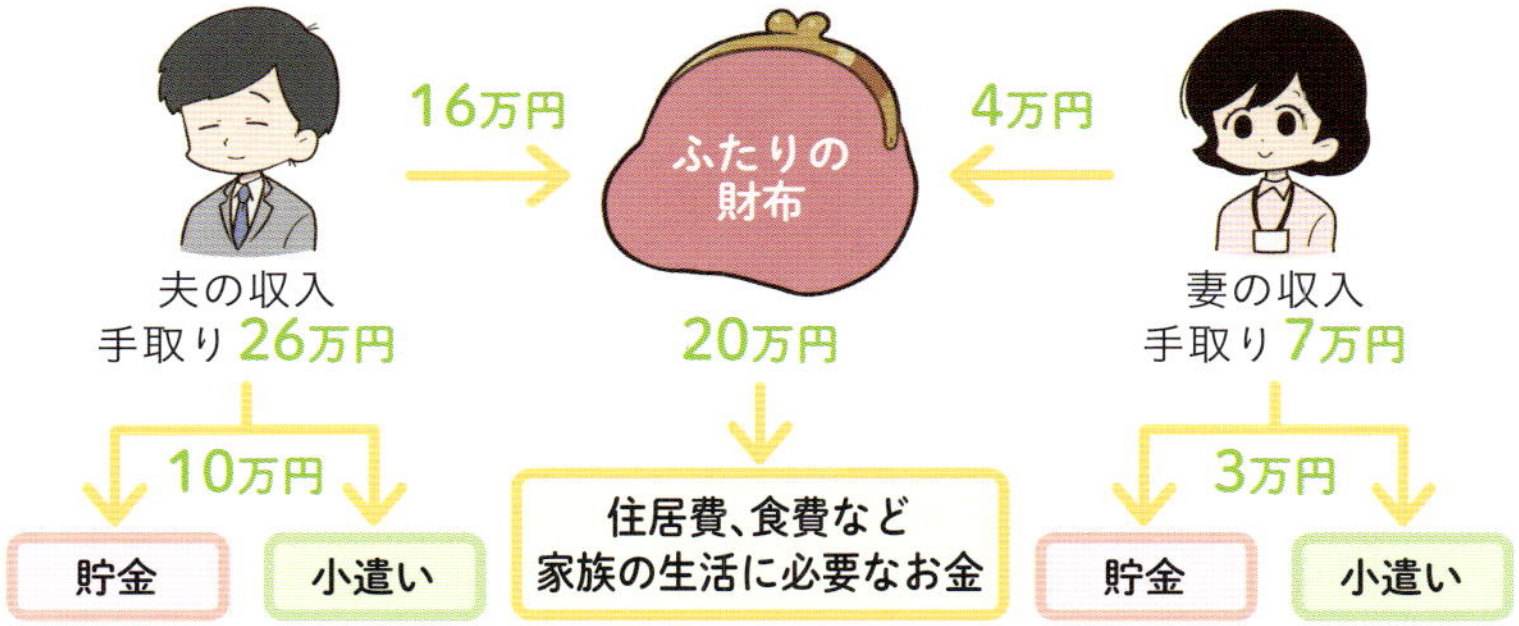

収入に応じた比率で家族の生活に必要なお金を「ふたりの財布」にまとめるので、生活に必要な支出を「見える化」でき、お互いに把握しやすい

支出の優先順位で「もったいない支出」を減らす

ムダをなくすための支出の優先順位を確認

ムダ遣いを減らすコツ、それは支出に優先順位をつけることです。順位づけすることで、「贅沢はがまんしているのに、いつの間にかお金が減っていた」ということがなくなります。

まずは次の手順で、支出の順位を整理しましょう。

【優先順位①】家族の生活に必要なお金

◎住居費
◎食費　など

【優先順位②】自己投資・貯金

◎仕事や友人など親しい人のために使う交際費
◎能力向上のための新聞・書籍代、習い事などの教養費
◎将来のための貯金

【優先順位③】ほしいもの

◎趣味・娯楽費

洋服や化粧品の費用は、仕事につながる場合は②、それ以外は③と考えます。

まずは、この優先順位をしっかりと把握してください。

優先順位に沿って使えばムダな出費はなくなる

給料を手にしたら、まず、優先順位①・②に使うお金を確保すること。①は、生活するうえで絶対に必要なお金、②は未来の自分が安心して暮らすためのお金だからです。

自己投資以外のほしいもの、やりたいことを実現するのは、そのあとに。この順序を守るだけで、多くのムダを回避できます。

CHECK

ほしいものには「理由」、買ったものには「評価」でムダを回避

理由もしっかり書いておくと、何が一番ほしいのかが見えてくるわ

「ほしいもの」「やりたいこと」リスト

1．ライトダウンのジャケット
　理由：休日に出かけるときにおしゃれがしたい
2．韓国旅行
　理由：エステを体験して、おいしいものを食べたい
3．デザインの勉強
　理由：仕事でステップアップしたい
4．高級ホテルに宿泊
　理由：リッチな気分になってリフレッシュ

「買ったもの」「実現したこと」リスト

1．多機能デイバック
　評価：便利だと思って買ったが、使う機会がない → ムダ遣いだった
2．沖縄旅行
　評価：おいしいものが食べられたけど、ホテルの居心地が悪くてくつろげなかった → 次は違う旅行会社を検討してみよう
3．おしゃれスニーカー
　評価：通勤が楽になった → 長期的に使えるし、効果的な投資になった

買ったものは、どんな気持ちで買ったか、買った結果どうだったのかを書いておくと、満足度の高い支出につながるわよ

固定費を見直して大幅にコストダウン！

持ち家より賃貸？ 保険のかけすぎに注意

家計の支出のうち大半を占めるのが、住居、保険、車、教育にかかる４つ。食費や日用品を10円、１００円と切り詰めるより、これらを見直すほうが一気に節約できます。

【住居】 条件にもよりますが、賃貸のほうが、ライフスタイルに合わせて引越しできるうえ、税金の支払いがありません。家賃は月の手取りの30％以下に。マイホームを購入する場合は、左ページを参考に。

【保険】 保険をかけすぎると家計を圧迫し、貯金ができなくなってしまう場合があります。元気で長生きをする可能性のほうが高いのですから、共済など月５０００円程度の掛け捨てや、途中で増・減額できるものがよいでしょう。

車はできるだけ持たない 私立・公立の学費の確認を

【車】 便利な反面、駐車場代、保険料、税金などの維持費が大きくかかります。車は持たず、代わりにカーシェアリングやタクシーを利用すれば、費用を大きく抑えられます。車が必要不可欠なら、税金や燃費を節約できる車種への変更を検討してみてはどうでしょうか。

【教育】 学費は私立と公立では大きく異なりますが、子どもの将来を考えると、ここを節約するのは難しいところ。その代わり、塾や習い事の数を厳選したり、金額を抑えたりすることを検討してみましょう。

CHECK

住居費はどちらがお得？
賃貸 vs 購入　比較シミュレーション

35 歳で入居、80 歳まで生活したと仮定

購入派	賃貸派

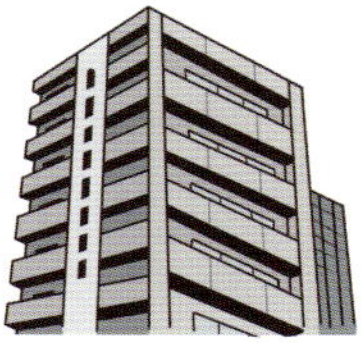

35歳　40歳　45歳　50歳　55歳　65歳　70歳　75歳　80歳

購入派

35歳～65歳

【4,000 万円の一戸建てを購入】
賃貸と同程度（月々の返済額が約 10 万円）の物件を購入
金利 1.5%、35 年ローンとする

頭　金　**800 万円**
（物件価格の 20%とする）

購入時の諸費用　**400 万円**
（物件価格の 10%とする）

総返済額　**約 4,115 万円**

65歳～80歳

固定資産税　**450 万円**
（年間 10 万円と想定）

リフォーム　**300 万円**

※支払い総額は約 6,065 万円だが、土地（1,000 万円とする）は資産として残ると計算（一戸建ての場合）

実質的な支払い総額は
約5,065万円

賃貸派

35歳～65歳

【子どもと同居】
家賃　月 10 万円× 30 年間
3,740 万円
内訳：家　賃 3,600 万円
　　　更新料 140 万円

引越し代 約50万円
※敷金・礼金、前家賃、仲介手数料、火災保険料などを含む

65歳～80歳

【夫婦のみ】
家賃　月 7 万円× 15 年間
1,309 万円
内訳：家　賃 1,260 万円
　　　更新料 49 万円

支払い総額は
約5,099万円

「買ったほうが資産として残るからお得！」とは言い切れないかも !?

4ポイントの見直しで食費もスリム化できる

食費は手取りの15％以内に節約対策はまず自炊から

固定費で家計を調整したら、次は変動費を見直します。なかでも大きな割合を占める食費は、一番調整しやすい項目です。それには、自炊生活がおすすめ。

食費は月の手取りの15％以内を目標に（⬇P.39）。手取り20万円の彩の場合は20×0・15＝3となり、3万円が1か月の予算の目安です。

ひとり暮らしの彩の場合、自炊をすることで、毎月の食費は生鮮食料品に約1万円、保存食・調味料に約5500円、合計1万5500円程度に抑えられれば、目標はラクにクリア。毎日、外食したり弁当を買ったりすると1日平均1500円程度かかり、1か月で約4万5000円に。自炊なら、2万9500円程度を節約できることになります。

買いものは1週間単位でお得なまとめ買いを

仕事や家事で時間がない人には、まとめ買いがおすすめ。買いものに行く前に食材の使い回しを想定して、1週間分の献立を考えておくと、食材を効率よく使えます。冷蔵庫のストックはまめにチェックし、チラシサイトなどで特売品を確認しておきましょう。

買った食材はムダにしないこと。古い在庫から使っていきます。自炊初心者はメニューを決めてから買いものに行くのもよいですが、慣れてきたら、なるべく自宅にある食材だけで料理をつくるようにすると効率的です。

CHECK

変動費がぐっと下がる!?
食費見直しポイント

POINT 1 手取りの15%以内に抑える

POINT 2 自炊のほうが結局はお得！

POINT 3 1週間分まとめ買い

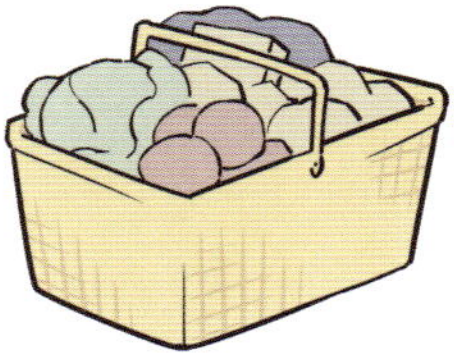

POINT 4 基本調味料などを常備

基本調味料

塩／砂糖／醤油／
味噌／酢／酒／みりん　など

その他ストック

米／パスタ／カレールウ／
和風だし／ごま／コンソメ／
海苔／小麦粉／缶詰　など

変動費を抑えるためには
食費を見直すのが
近道よ！

がまんも妥協もしない！ 節約「おしゃれ術」

買いものに行くときは きちんと目的を持って

服や化粧品などは、特に女性にとって楽しい買いもののひとつ。デパートやショッピングモールに行くと、ほしいものが次々と出てきてしまいます。そこで、次のことを決めてから、買いものに出かけましょう。

①何が必要なのか

②予算はいくらか

メモなどにリストアップしておくと、必要なものの整理にもなります。予算内で見つからなければ、その日はあきらめて次の機会にする意志の強さも、貯金を続けるには必要です。

また、新しい服を買ったら、1着捨てるくらいの気持ちでクローゼットを整理しましょう。なぜか服は似たものが増えてしまいがち。ボーダー柄ばかりだったり、紺のスカートが何着もあったりということはありませんか。ぎっしり詰まったクローゼットは、ムダな買いものにつながる危険信号。手持ちの服をパッと見直すことができる程度の量が理想です。

美容費は年間予算で！ ネットも活用して削減

美容費の理想は、手取りの2・5％程度です。定期的な出費とはならない化粧品代は、年間予算で考えます。月の手取りが20万円の彩ならば、20万円×12か月×0・025＝6万円。ボーナスが出るなら、そこにボーナスの手取り額×0・025を加えます。

ネットショップを複数チェックして、安く買うのも節約のコツです。

CHECK

本当にお金を支払う価値があるか よーく考えてからお財布を出して

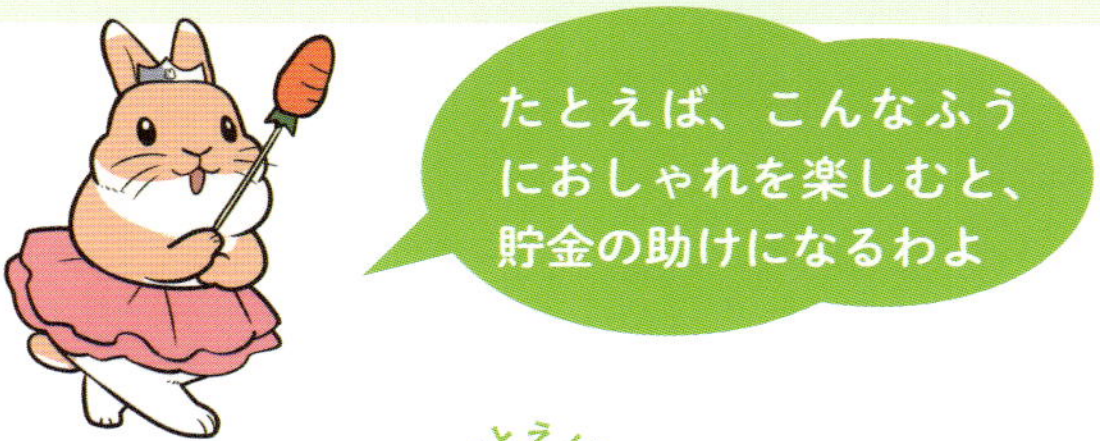
たとえば、こんなふう
におしゃれを楽しむと、
貯金の助けになるわよ

たとえば
1 パーティードレス

購入すると、４万円＋クリーニング代
➡ レンタルで 5,000 円。自分のものにはならなくても毎回選ぶ楽しみが

たとえば
2 ヘアカット

ヘアサロンで 5,000 円
➡ クーポンの利用で割引に。ときには、カットモデルという手も

たとえば
3 バッグ

3,000 円のバッグを１年間に２回購入
→５年間で３万円
➡ ２万円で買ったバッグを５年間使用
→５年間で２万円

たとえば
4 化粧品や洋服

net
or
shop?

店舗にて定価で購入
➡ ネットショップで割引購入。半額などの目玉商品も

意外な浪費をカット！

電気・ガス・水道

他にも見逃しがちなムダな出費はまだまだあるわよ！家の中を見渡してみて

部屋・リビング

照明

・カバーなどにほこりがたまると明るさが低下するので、こまめに掃除を。
・調光機能を活用して、明るさを調節。白熱電球では、明るさを60％にすると、消費電力は約20％削減される*。

エアコン

冷房…推奨設定温度：28℃
暖房…推奨設定温度：20℃
・扇風機やサーキュレーターを併用して、空気を循環させると効率アップ。
・暖房の設定温度を2℃下げると、約10％の省エネになる*。

テレビ

液晶型32インチの場合、1日1時間つけている時間を減らすと1か月で約30円電気代がダウン*。

こたつ

こたつ布団だけでなく、敷布団と上掛けもプラスすると、熱効率がアップ。

memo ＊東京ガスHP「ウルトラ省エネブック」

キッチン

ガスコンロ

・お湯を沸かすとき、給湯器のお湯を利用すれば大幅に時間短縮。
・炎は鍋底からはみ出さない程度の火力にするのが最も効率的。
・火にかけるとき、ふたをするだけで、ガス量15%カット*。

冷蔵庫

・開け閉めの時間は短めに。
・壁に近すぎると放熱できなくなり、余分な電気を使うタイプのものも。周囲に適度な隙間をあけて設置しよう。
・ものを詰め込みすぎると、それだけ電力を消耗。冷えた空気の通り道ができる程度に整理しよう。

IHクッキングヒーター

タイマー機能を使えば、余分な加熱が抑えられる。

電子レンジ

野菜はゆでるより、電子レンジで加熱するほうが短時間で調理でき、省エネに。

炊飯器

残ったごはんは保温し続けるよりも、冷蔵庫や冷凍庫で保存して、電子レンジなどで温め直すほうが省エネ。

電気ポット

保温し続けるよりも、プラグを抜いておいて使うときに沸騰させたほうがお得。

memo ＊東京電力ホールディングスHP「でんきの省エネ術」

浴室・トイレ

シャワー

・シャワー入浴の平均時間は 17 分。ここで使う水量は、200 L の浴槽 1 杯分。家族で複数が入浴する場合は、浴槽入浴をメインにするほうが効率的*。

・1 分間シャワーを使うと、ガス料金は約 4 円（湯量 12 L / 分、水温 15℃を 40℃に温める場合）。これに人数と日数をかけると意外な消費に。出しっぱなしには要注意*。

浴槽

・浴槽にお湯を張るときは、水から沸かすより、給湯のほうが省エネ。

・お湯を沸かすときや入浴後はふたを閉めて、温まりやすく冷めにくい工夫を。

トイレタンク

節水式の水洗トイレなら、流すときの水量が従来の水洗トイレの 2 分の 1 以下に*。

便座のふた

温水洗浄便座のふたを開けたままにするのと、利用時以外は閉めておくのとでは、年間約 800 円の差が出る*。

「省エネ」チェックリスト

部屋・リビング

□冷房の設定温度は28℃、暖房は20℃にする。

□エアコンは外出の少し前にスイッチを切り、余冷・余熱を利用する。

□エアコンのフィルターは定期的に掃除する。

□長く留守にするときは、電化製品はリモコンスイッチではなく主電源をオフにする。

□テレビはなんとなくつけっぱなしにしない。

□省エネタイプの電球を選ぶ。

キッチン

□通常の冷蔵庫は壁から少し離して置く。

□冷蔵庫にものを詰め込みすぎない。

□鍋でお湯を沸かすときはふたをする。

□鍋を火にかけるときは、炎が鍋底からはみ出さないよう調節する。

□電気ポットのお湯は保温にせず、使うたびに沸かす。

浴室・トイレ

□シャワー入浴ではなく、できるだけ浴槽入浴にする。

□家族が風呂に入るときは、時間をあけずに続けて入浴する。

□温水洗浄便座のふたは開けっぱなしにしない。

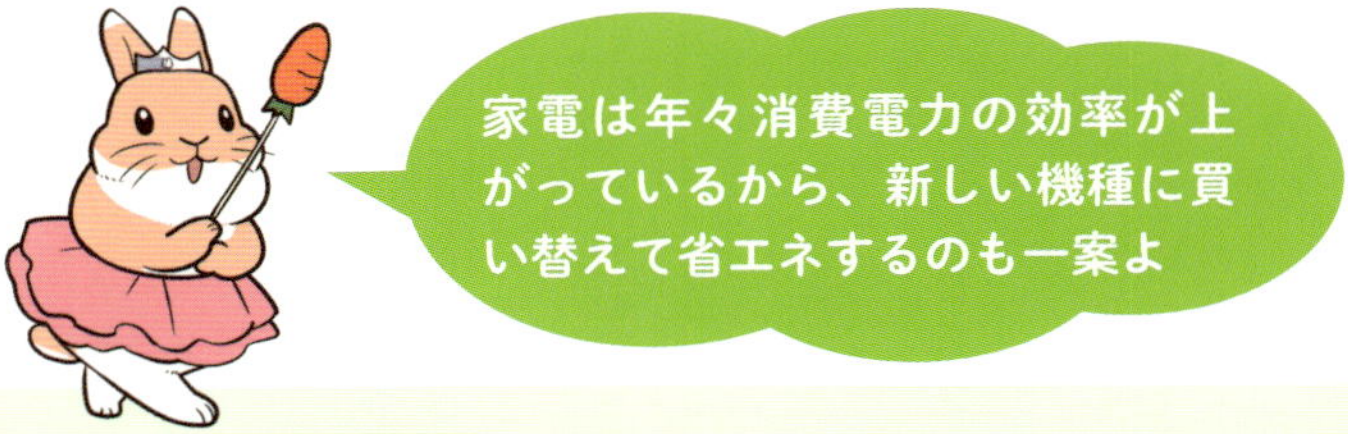
家電は年々消費電力の効率が上がっているから、新しい機種に買い替えて省エネするのも一案よ

COLUMN 2

教えて！キャーロット様

Q

節約をしたいなら、エアコンは、こまめに切ったほうがいいんですよね？

A

エアコンは立ち上がりのときに多くの電力を使い、室温が設定温度になると小さい電力で運転するらしいわ。だから、こまめにつけたり消したりするのをがんばるより、設定温度を気にしたほうがいいかもね。ただし、エアコンは使っていなくても微量の電気を消費するから、長期間使わないときはコンセントを抜いておいたほうがいいかもね。

Q

特売やポイント倍増情報の上手な活用法を教えてください。

A

特売はお得でも、必要ないものまで一緒に買えばかえって損。活用することを考えすぎないほうがいいわね。ポイント倍増デーも必要なものだけ買うなら意味があるけど、あと○○円でもう１ポイントもらえるなどと考えながら買いものをして、不要なものまで買わないように。

第3章

自動的に貯まる！
シンプルな仕組みのチェック＆フォロー

おもちゃコーポレーション
休日イベン
ありがとう～
彩ちゃ～ん！
あっ麻衣さん！おつかれさま
おつかれ～
わーい
キャーロット様も！
盛況ね
今日の売り上げ目標は？
すたっ…
今日はいつもわが社のおもちゃで遊んでくれてるお客様を集めてのイベントだから～
売り上げ重視じゃないんだよね～
子どもたちの笑顔を見ると毎日の仕事もがんばれるのよね～
わあ～～～っ！かわいいい～～っ
キャ～～ッ
離しなさいっ
ぐったり…
…ってキャーロット様大丈夫ですか!?

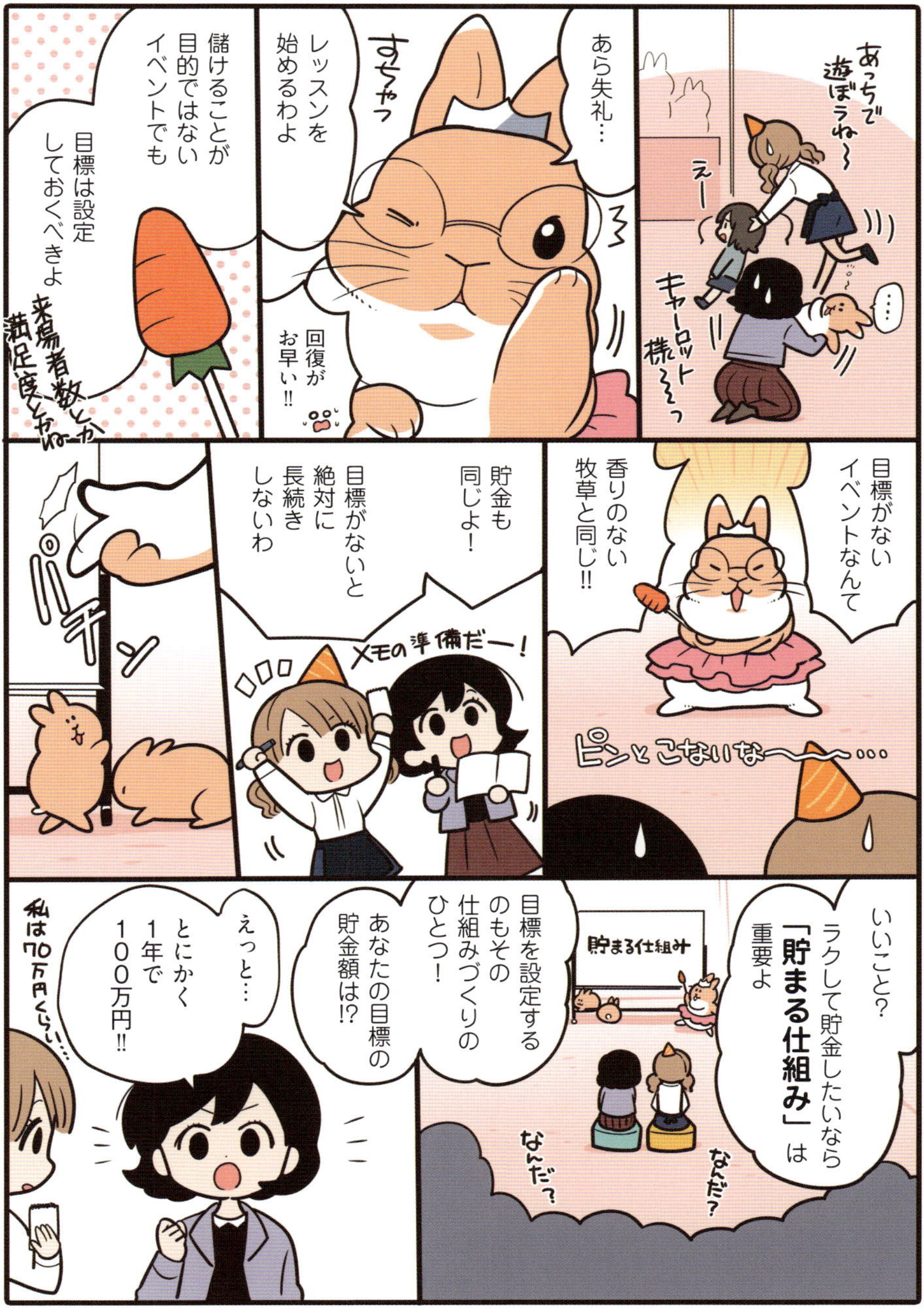

あっちで遊ぼうね〜
えー
キャーロット様〜っ
…
あら失礼…
すちゃっ
レッスンを始めるわよ
回復がお早い!!
儲けることが目的ではないイベントでも目標は設定しておくべきよ
来場者数とか満足度とかねー
目標がないイベントなんて香りのない牧草と同じ!!
ピンとこないな〜〜〜…
貯金も同じよ!
目標がないと絶対に長続きしないわ
メモの準備だー!
パチン
いいこと?ラクして貯金したいなら「貯まる仕組み」は重要よ
貯まる仕組み
なんだ?
なんだ?
目標を設定するのもその仕組みづくりのひとつ!
あなたの目標の貯金額は!?
えっと…
とにかく1年で100万円!!
私は70万円くらい…

どうして100万円なのかしら？
以前キャロット様が月の手取りの10〜30％って…
3ケタあったらいろいろ安心だし…
うん
うん
いつのまにか集まる大人たち
私は結婚資金それから新作のバッグもほしいし…
わかるー
旅行に行きたいし
中古でもいいから家がほしい
習い事を始めたいわ
…
チッ
庶民にふさわしい平凡な目標なのはいいけど
短期目標と長期目標がごちゃ混ぜになってるわよ
舌打ちされた…!!
短期目標？
長期目標？
目標達成までの期間や優先順位が整理されていないと
何から手をつけてよいのかわからなくなって
結局挫折するわ
短期目標と長期目標は分けて考えるのがキホン
短期目標
数万円単位ですぐに買えそうなもの
ex. スマートフォン、電動自転車…
長期目標
金額が大きくてすぐに買えないもの
ex. ヨーロッパ旅行、マンション…
だからあなたはまず目標整理からね
はい…

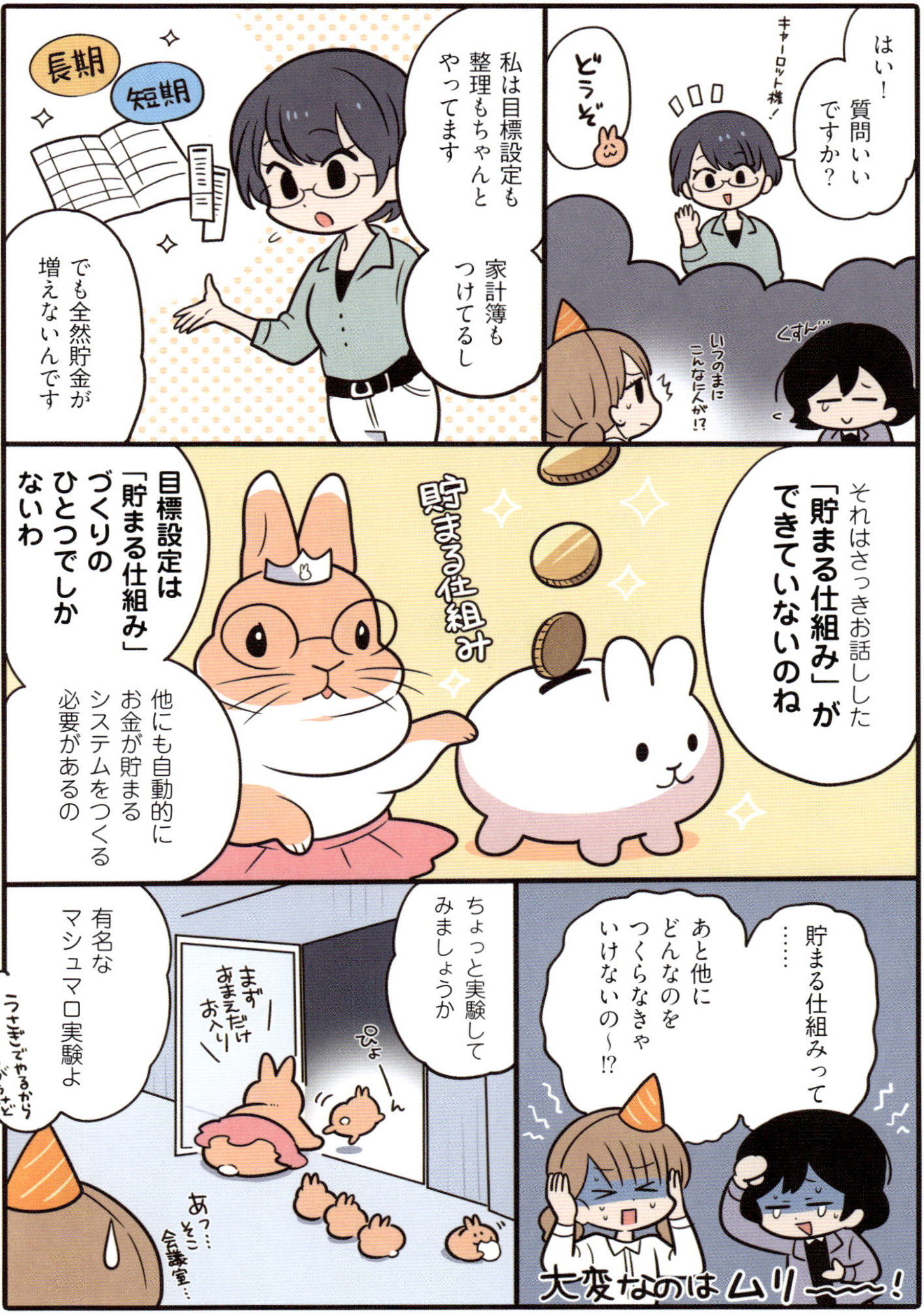

※マシュマロ実験（マシュマロ・テスト）：子ども時代の自制心と将来の社会的成果の関連性を調査したウォルター・ミシェルの実験

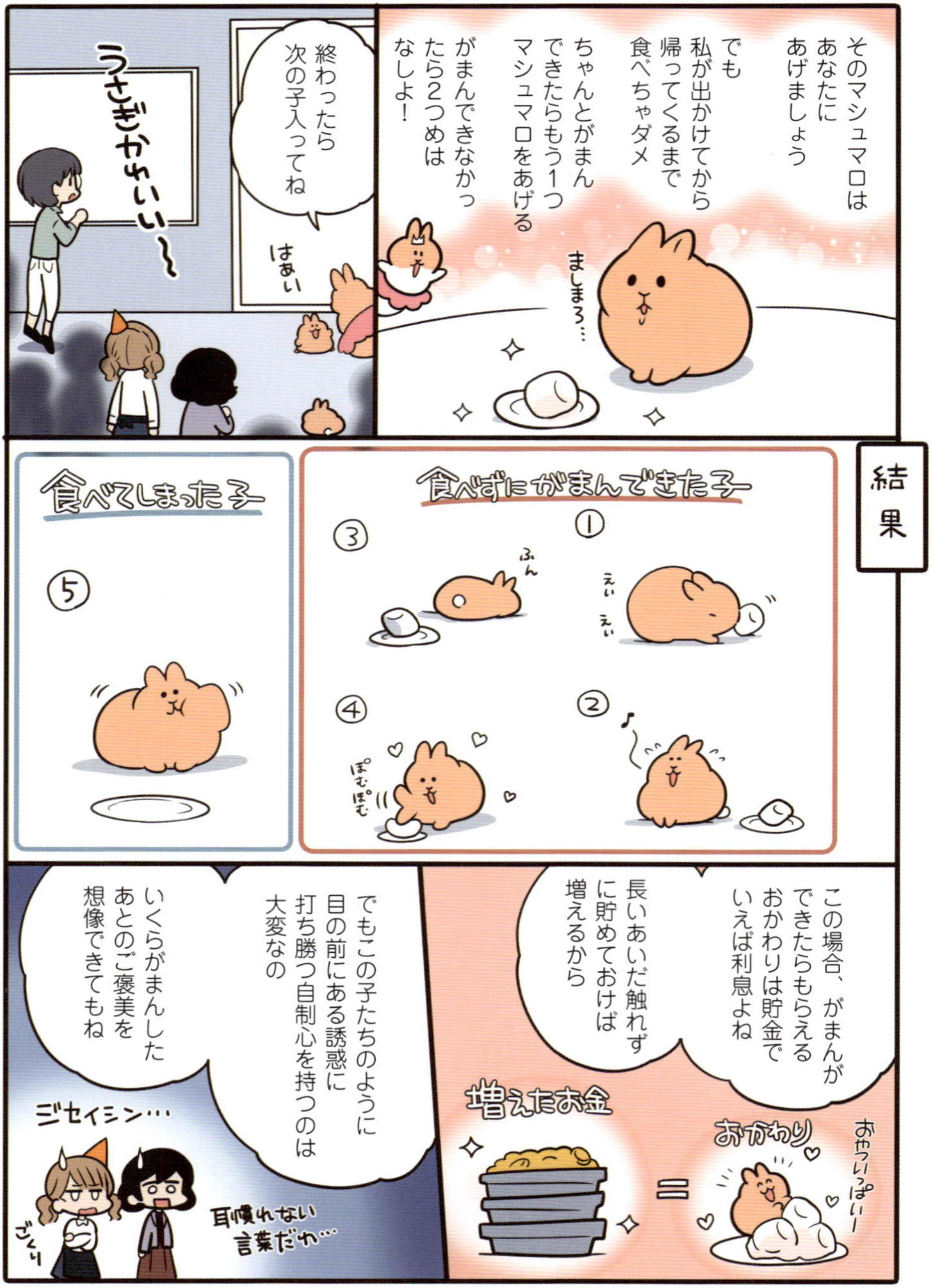

そのマシュマロはあなたにあげましょう
でも私が出かけてから帰ってくるまで食べちゃダメ
ちゃんとがまんできたらもう1つマシュマロをあげる
がまんできなかったら2つめはなしよ!
ましまろ…
終わったら次の子入ってね
はあい
うさぎかわいい～
結果
食べずにがまんできた子
①
えい えい
②
③
ふん
④
ぽむぽむ
食べてしまった子
⑤
この場合、がまんができたらもらえるおかわりは貯金でいえば利息よね
長いあいだ触れずに貯めておけば増えるから
増えたお金
=
おかわり
おかわりいっぱいー
でもこの子たちのように目の前にある誘惑に打ち勝つ自制心を持つのは大変なの
いくらがまんしたあとのご褒美を想像できてもね
ジセイシン…
ごくり
耳慣れない言葉だわ…

食べずにがまんできた子はみんな貯金力があるといえるけど
この子のようにおやつを見えなくするのはよい手ね
ムリせずできるもの
ほめられちゃった…!
3
あなたたちも使えるお金を見えなくしてしまったら?
10000
あるいはおやつに触れないように予防策をつくるとか
おお!
早速やってみます!
ありがとうキャーロット様〜!
何を言ってるのかわからないよ〜
もう少し詳しくお願いしますっ
仕方ないわね
じゃあみっちり鍛えるわよ
モフ〜〜ッ
みすてないで〜
…
それにしてもお金のことで悩んでる人って多いんだね
人には相談しづらいしね
おつかれさまー
スッ
あっ社長!!
ハッ
社長
あなた様は…!
キャーロット様!! その節はどうも…
ビシー
うむ
社長とも知り合い!?

短期・長期目標をつくって貯金欲を燃やそう！

「余ったら貯金しよう」は結局余らない

　支出ダイエット後、スリムな生活が身についてきたら、黒字が出る月もめずらしくなくなるでしょう。でも、「今月は余ったから貯金しよう」という考え方では、お金はなかなか貯まりません。漠然とした「お金を貯めよう」という気持ちは、持続しないからです。

　そこで必要なのが、はっきりした目標。「あのお店で食事がしたい」「あそこへ旅行に行きたい」など、できるだけ具体的な目標を立てましょう。それが実現したときの情景まで目に浮かんできたら、しめたもの。ワクワクとした気持ちになり、「ぜったい貯めたい！」と、貯金へのモチベーションがぐんと上がります。

具体的でハッキリした短期目標、長期目標を決めよう

　貯金の目標を掲げるときに大切なのは、実現可能であることです。

　まずは、「ほしいもの」や「やりたいこと」を書き出してみましょう。すぐに買えそうなもの（短期目標）と、金額が大きくてすぐには買えないもの（長期目標）に分けて、それぞれに優先順位をつけます。順位をつけにくかったら、左ページのようなトーナメント方式で考えてもOK。そこで1位になったものが、あなたの短期目標と長期目標です。この作業を通じて、「本当にほしいものは何か」「どうしても必要か」と、考える力もつきます。目標は目につきやすいところに書いて貼り、自分への励ましにしましょう。

CHECK

迷ったら、目標をリストアップ
⇨トーナメント方式で決定！

STEP 1 ほしいものをカードにリストアップ

アロハ柄のスカート / ハワイ旅行 / 英会話教室 / マンション / 車 / 豪華なディナー

STEP 2 「短期目標」と「長期目標」に仕分ける

短期目標：アロハ柄のスカート / 豪華なディナー

長期目標：ハワイ旅行 / 英会話教室 / マンション / 車

STEP 3 トーナメントで目標を決める

短期目標1位：アロハ柄のスカート（アロハ柄のスカート vs 豪華なディナー）

長期目標1位：ハワイ旅行（ハワイ旅行 vs 英会話教室、マンション vs 車）

STEP 4 目標を書いた紙を部屋に貼りだす

目標達成！

7月までにアロハ柄のスカートを買う

来年夏は家族でハワイ旅行

貯まる仕組み①
銀行口座を分けて上手に管理

ズボラでも心配なし！ 貯金ができるシンプルな仕組み

貯金の目標が決まったら、お金が貯まる仕組みをつくります。まずは、次の3つで考えましょう。

①生活費…住居費、食費、水道光熱費など生活に必要な月々のお金

②特別支出（貯金）…年単位で必要になる出費、臨時で必要になるお金

③貯蓄（貯金）…家の購入、老後の資金などライフプランを支えるお金

②、③を合わせた金額が「貯金」ということになります。

3つの預金口座はどう使い分ける？

管理の仕組みは至ってシンプル。3つの預金口座に分ければよいのです。

ひとつ目（口座①）の口座は、家計全体の財布のようなもの。給与やボーナスは、ここに振り込まれるようにします。生活費やクレジットカードの支払いなどは、ここから出します。ただし、そのままにしておくと知らないあいだに使いきってしまうおそれがあるので、貯金の分は別にしておきます。そのための口座が、第2・第3の口座（口座②・口座③）です。

「口座②」は、年単位で必要になるお金や、96ページのように目標を立てて使うお金を貯めておく口座。比較的崩しやすいよう、普通預金や短期の定期預金などがおすすめです。

「口座③」は、しかるべきときまで手をつけない貯蓄用の口座。積立定期預金など、なかば強制的に貯蓄していくタイプのものが理想的です。

CHECK

3つの口座を使い分ければ お金はスムーズに貯まる

口座②、口座③の合計が貯金。
年間100万円を目指すわよ！

給与　ボーナス　児童手当

口座①
普通預金

自動積立（➡P.100）

口座②
普通預金、
短期の定期預金など

口座③
積立定期預金、
財形貯蓄など

生活費

住居費、食費、水道光熱費、交通・通信費、被服費、交際費など

特別支出（貯金）

固定資産税、自動車税、家電や家具の修繕・買い替え、子どもの入学・卒業費用、旅行費用など

貯蓄（貯金）

家や車の購入、子どもの大学進学の学費、老後の資金など

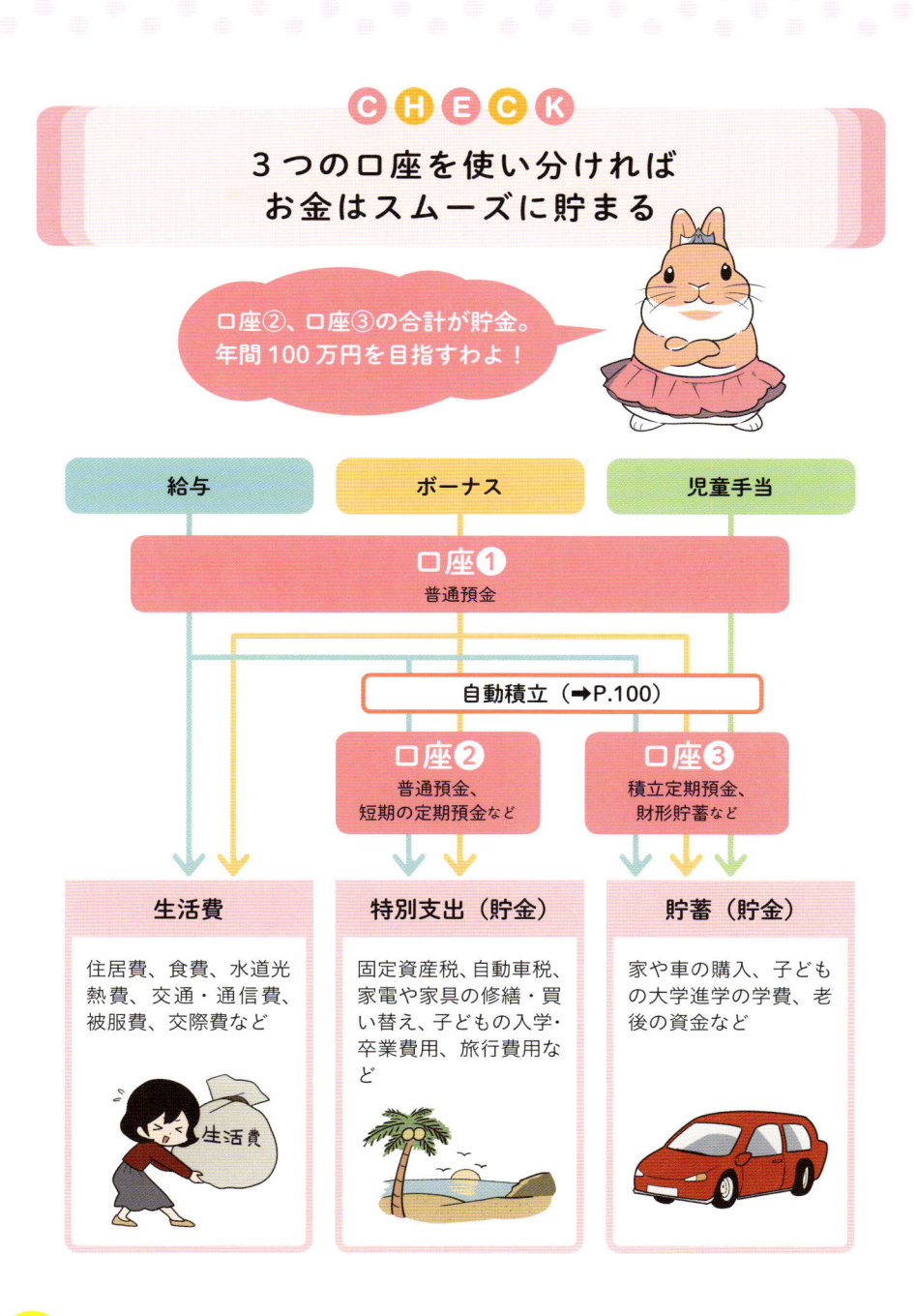

貯まる仕組み②
「先取り貯金」で自然と貯まる！

ストレスなく貯められる先取り貯金

どんな人でも確実に貯蓄できるのが、「先取り貯金」です。その名のとおり、給与が出たら、貯蓄分を自動的に別口座に移してしまう方法です。

その分は、はじめから「ないもの」として生活することになるので、「使いすぎに気をつけなくちゃ」とか「がんばって貯めなくちゃ」と意識する必要がなくなります。余計なストレスを感じずに貯金ができるので、初心者でもすぐにお金が貯められるおすすめの方法です。

一度「仕組み」をつくってしまえば、そのお金にはなかなか手をつけにくくなるので、目標達成も夢ではなくなります。

便利さも魅力の先取り貯金 はじめは低額からでＯＫ

先取り貯金ができる代表例として、銀行の自動積立定期預金があります。毎月の預金金額と引き落とし日さえ決めてしまえば、自動的に定期預金口座へ振り替えられる仕組みなので、自分で引き落として別口座に移す手間がなく便利です。普通預金よりも金利がよいのも魅力。

引き落とし日は、給与振り込み日かその翌日にし、ボーナス月だけ金額を上げる設定にすると貯まりやすくなります。最初はムリのない金額から始め、昇給時に金額アップしましょう。

勤務先に社内預金制度や財形貯蓄制度（➡P．１０３）がある場合は、それらを利用するのもよいでしょう。

CHECK

「先取り貯金」でムリなく貯まる！
月の手取りの４分の１を目標に

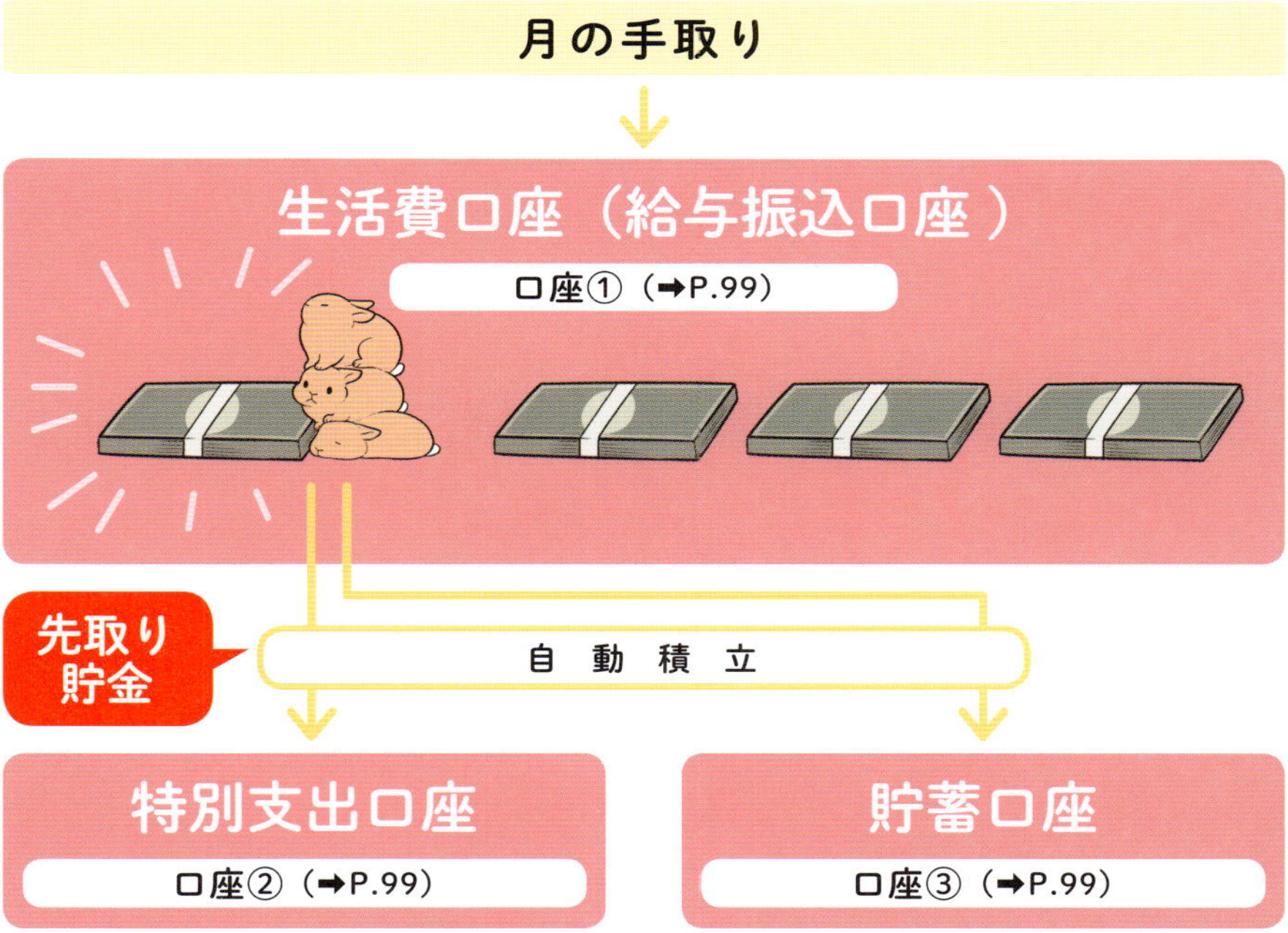

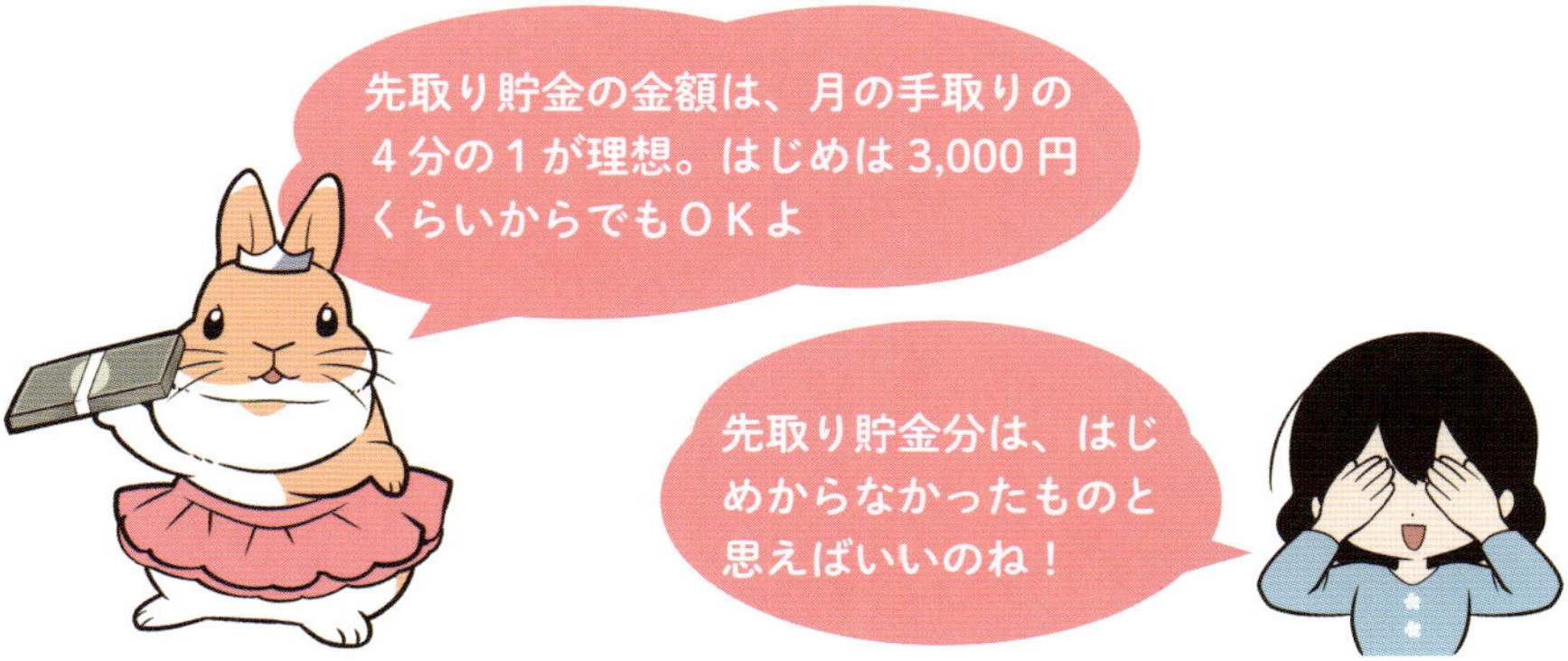

貯まる仕組み③
貯蓄用口座にはカギをかける

貯金の切り崩しを予防する作戦とは？

「今月は使いすぎてしまった」というときに、貯蓄口座の存在が頭をよぎることがあります。「少しだけおろして使う？」と、悪魔がささやきます。そんなとき、貯金の切り崩しを防ぐ作戦として、貯金にカギをかけておく方法があります。といっても、通帳を金庫に入れてカギをかけるわけではありません。あらかじめ、切り崩しのしにくい、次のような仕組みをつくっておくのです。

- キャッシュカードはつくらない
- 解約手続きが複雑な預金商品を選ぶ
- 会社の社内預金制度を利用する
- 夫婦でお互いに通帳と印鑑を管理し合う

未来のためのお金は解約しにくい口座で守る

働く人の貯蓄を支援する国の制度に、給与天引き*で貯蓄する財形貯蓄制度があります。一般財形貯蓄、財形住宅貯蓄、財形年金貯蓄の3種類があり、一般財形貯蓄以外は一定の金額までは金利が非課税、住宅用の融資も受けやすいというメリットがあります。パート社員が加入できる会社もあります。ただ、1年間は解約できないなど、解約には一定の条件があるので、よく制度を調べることが大切です。

確定拠出年金という制度には、個人加入できるiDeCo《イデコ》があります。これは、個人が積立、運用して60歳以降に受け取る制度。長期目標を定めて貯蓄する人は検討してみてもよいでしょう。

memo 給与天引き：受け取る給与のなかから、あらかじめ一定の額を差し引くこと。

C H E C K

給与天引きの財形貯蓄で目的に合わせた金額を貯める！

財形貯蓄の種類は３つ

毎月、給与から天引きされるから、自然に貯まる。普通預金より金利が高いというメリットも。

元利合計550万円まで利子が非課税（財形住宅貯蓄・財形年金貯蓄）

一般財形貯蓄
使い道は自由

財形住宅貯蓄
マイホーム資金

財形年金貯蓄
老後の備え

たとえば、組み合わせるのもＯＫ

まずは結婚資金を貯めたい！
あと、老後も不安…

一般財形貯蓄
毎月１万円
↓
５年後
元本60万円
＋
利　息

財形年金貯蓄
毎月１万円
＋
ボーナス
３万円×２回
↓
20年後
元本360万円
＋
利　息

子どもの教育費を
貯めとかなくちゃ。
あと、マイホームも！

一般財形貯蓄
毎月１万円
＋
ボーナス
２万円×２回
↓
10年後
元本160万円
＋
利　息

財形住宅貯蓄
毎月２万円
＋
ボーナス
５万円×２回
↓
15年後
元本510万円
＋
利　息

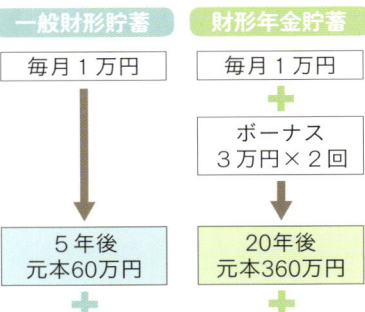

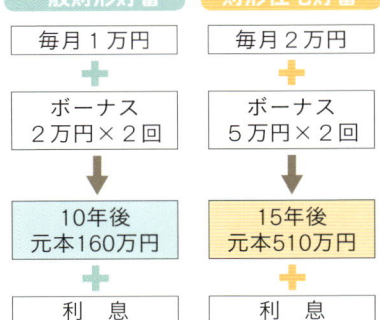

目的に合わせて使える

お得な積立

旅行会社やデパートなどでは、お得な積立サービスがあるからチェックしてみて。先取り貯金の代わりにもなるわ！

旅行会社・航空会社の旅行積立

将来の旅行に向けて一定期間積み立てると、満期時にサービス額が上乗せされた金額分の旅行券が受け取れるサービス。積立方法には、毎月定額を積み立てる方法や、ボーナスなどを利用して一括で積み立てる方法があります。

なかには利回り３％と高いものも。サービス額に税金はかからないので、目的さえ合えば定期預金や定額貯金をするよりもお得。

旅行券は運賃やパック旅行の費用として使用できます。ただし、インターネットでの販売には使えない場合があるなどの条件もあるので、事前に契約内容を確認しましょう。

百貨店「友の会」の積立

毎月一定額を積み立てていくと、満期時にボーナス分を上乗せした金額の商品券を受け取れるサービス。なかには、利回り８％超えというものも！

さらに会員向けの特典もあり、会員証を提示すると、提携しているレストランや美術館、ホテルが割引になったり、買いものが５％オフになったりするなどのサービスもついています。

積立以外の節約術

①乗りもの＆宿泊施設……　新幹線＋宿泊施設、飛行機＋宿泊施設というセット価格で販売されている商品。

②金券ショップ……………　新幹線・在来線の切符、国内線航空券、商品券、図書カード、レジャー施設・映画館のチケット、切手、はがきなどを通常価格よりも安価で販売。

③カーシェアリング………　月額基本料＋利用料金で使用可能。ガソリン代、駐車場代、自動車税、自動車保険料は不要。

特別支出用の口座で貯金切り崩しを防止しよう！

予測できる支出は年間のリストにまとめる

突然の出費で慌てて貯蓄用の口座を解約するのでは、貯金を決意した意味がありません。そもそも、そのお金は予測可能な出費かも！

たとえば、子どもの七五三のお祝い。衣装代、初穂料（祈祷代）、記念写真代などは事前にわかることです。ほかにも、夏休みの旅行や年末年始の帰省など、予測可能な支出はたくさんあるのではないでしょうか。

そこで、あらかじめ予測できる出費を書き出して、年間の特別支出を確認しておきましょう。この予測可能な支出は、1年間家計簿をつけると、金額もより明確になります。まずは項目だけでも把握することが大切です。

特別支出は年収の10%予測できない支出にも備える

なかには、予測のできない支出もあります。たとえば、急に家電が壊れてしまったときの買い替えや修繕費。冠婚葬祭や急な入院など、想定外の出来事によるものです。

こうした急な出費で家計が傾いてしまわないようガードするのが、98ページで解説した「口座②」。この口座をうまく使えば、貯蓄用の口座に手をつけずに済みます。

年間の特別支出は、予測可能なもの、不可能なものを合わせて、年収の10%程度はみておきたいところ。年収が２８０万円なら28万円、４５０万円なら45万円が特別支出用に用意しておきたい金額です。

CHECK

貯金を崩す原因になる突然の出費
まずは予測可能なものを確認

（持ち家の場合）
固定資産税

（賃貸の場合）
マンションの更新料

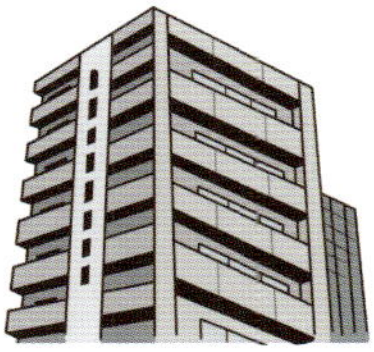

（マイカー保有者）
自動車税、車検

（年払いの）
保険料

火災	生命
医療	自動車

お年玉・
お歳暮・お中元

帰省費用

家族旅行

塾の夏期講習・
冬期講習など

七五三・成人式など
子どものお祝い

年間の特別支出 = 年収の 10%程度が目標！

特別支出用の口座の上手な管理法

特別支出用の貯金はボーナスで貯める

ボーナスは貯金のチャンス。ボーナスの半分以上を特別支出用の貯金にまわせれば、大きな出費にも備えられて安心です。年間のおおよその特別支出額がわかる人は、夏・冬のボーナスから該当額を貯金するのでもよいでしょう。たとえば、年間の特別支出が28万円ならば、夏・冬のボーナスからそれぞれ14万円ずつ貯金します。

ボーナスがない場合は、毎月の手取りから10％ずつ貯めていくよう検討しましょう。その場合、家計のベストバランス（➡P.33）とされている「貯金10〜30％」の割り振りを調整し、将来のための貯金（貯蓄）20％、特別支出用の貯金10％などに設定します。

特別支出用の口座は出し入れがしやすいものを

特別支出用の口座は、絶対に解約してはいけない貯蓄用の口座とは違い、基本的に使うためのものです。ある程度、積立ができて出し入れのしやすい、次のような口座を選びましょう。

- **銀行の総合口座（口座内自動引き落としで普通預金から積立預金へ）**
- **銀行の貯蓄預金*口座**
- **比較的金利の高いネット銀行の普通預金口座**

口座は、引き出しやすいものほど管理を厳しくする必要があります。夫婦なら、印鑑（＋キャッシュカード）を管理する人と通帳を管理する人を分けるなど、ふたりで管理する方法をとりましょう。

memo　貯蓄預金：普通預金よりも金利が高めに設定されているが、預入期間が設定されていないため必要時にお金を引き出すことができる金融商品。

CHECK

麻衣&大輔夫婦の特別支出の収支を見てみよう！

※残高16万円でスタートした場合

	特別支出用預金	特別支出		残高
		内容	金額	
1月		大輔の実家へ家族で帰省（山形県） 親戚の子どもへのお年玉	50,000円 20,000円	160,000円
2月				160,000円
3月		マンションの更新料（2年に1回）	120,000円	40,000円
4月		大和、音楽教室への入会金・道具類	8,000円	32,000円
5月				32,000円
6月		大輔、同僚の結婚祝い	30,000円	2,000円
7月	225,000円 （ボーナスより）	お中元	25,000円	202,000円
8月		北海道へ家族旅行	110,000円	92,000円
9月		それぞれの両親へ 「敬老の日」のプレゼント	20,000円	72,000円
10月				72,000円
11月		大和の七五三	35,000円	37,000円
12月	225,000円 （ボーナスより）	クリスマス会 お歳暮	10,000円 20,000円	232,000円

将来的な貯金につながる 未来の自分に投資

キャリアアップのための費用は惜しまない

現在の仕事でのキャリアアップや転職、子育てからの復帰などを目指しての勉強は必要なものです。

すぐ仕事に結びつく資格の通信講座や、趣味を生かして収入を得るためのセミナー代は、自分への投資として支払う価値のあるお金です。貯金中だとつい削ってしまいがちですが、自分が目指す理想像をイメージし必要に応じて調整することが大切です。

でも、スキルアップのため、まとまったお金をつぎ込むというのは勇気がいりますよね。はじめの一歩は、関連する本を読むことから始めたり、自治体などで開催している無料のセミナーを活用したりしましょう。

迷ったら読書から小さく始めて積み重ねる

どこから手を出したらよいのかわからないという人は、本を買ってみることをおすすめします。１０００円前後で、多くの知識を得ることができるからです。

たとえば、仕事に役立つ本、資格本、料理本など、仕事や生活に関係する本ならキャリアアップや生活へのプラスとなり、一生の財産になります。

あこがれの生き方をしている人がいたら、その人の本を読むのもよいですね。

興味がなかったり、難しいと感じたりすると、なかなか頭に入ってこないため、少しでも関心を持てる内容のものから読み始めましょう。

CHECK

コストリターンの高い習い事で未来の自分に投資しよう！

●料理教室で家庭料理を習う

自炊の習慣をつけ節約
＋
一生モノのスキル

節約POINT

調理器具メーカーや食品メーカーなどの企業が運営する教室で格安に

●スポーツジムやプールで運動

健康維持
＋
交友関係の広がり

節約POINT

公営の施設なら、1回単位で利用でき、利用料金も数百円単位

●資格本で勉強する

知識の習得
＋
キャリアアップ

節約POINT

できるところは資格本を使って自力で学習すれば、スクール代節約に

浪費にはならない「他者への投資」をイメージ

人付き合いへの投資もムダにはならない

ママ友とのランチ代やお世話になっている人へのプレゼント代……。給料やパートで稼ぐお金の数時間分、あるいは半日分がそこに消えるのはちょっとつらい、と考えがち。

でも、そうした人付き合いが、やがては「困ったときはお互いさま」と子どもを預け合ったり、相手との関係を円滑にしたりするなど、よいことにつながる場合も。

人付き合いにかかる費用をムダな支出とは捉えず、よりストレスのない人間関係を築くための支出と考えてみるのもひとつです。

ただし、誘いにのって「何となく」参加する飲み会などは、少し控えて。誘いを断り続けるのは相手との関係にヒビを入れかねませんが、3回に1回は断るくらいの勇気も必要です。

寄付で恩恵を受けるのは自分自身かも

近年、「ふるさと納税」が広まっています。自分の故郷やその他の地方自治体を応援する目的で、自分が住む地域への納税額の一部を希望の地域に寄付するという制度です。そのお礼として、米や肉、野菜などの特産品が贈られることから人気を集めています。

特産品を受けられるのもうれしいですが、それ以上のメリットもあります。さまざまな寄付によって相手を助け、感謝されるという経験は、自分自身が心豊かに暮らすきっかけとなるかもしれません。

CHECK

貯めるだけが能じゃない!?
生活を豊かにする身近な投資

ママ友との食事会

ムダな出費になってしまうからとケチケチしすぎなくてもOK。耳寄りな話が聞けるかも!?

お世話になった人へのプレゼント

貯金に夢中になるあまり、義理や礼儀を欠いては、人間関係が広がりません。「人も財産」と考えましょう

寄付

例1 被災地への寄付

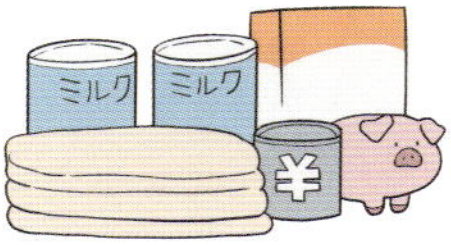

お金、毛布、粉ミルクなどを
日本赤十字社などの事務局に送る

▼

被災者への物資の支給、
復旧工事など

例2 途上国の子どもたちへの支援(里親制度)

お金、服、書籍などを
NGOなどの事務局に送る

▼

予防接種、水道・学校の建設など、
医療、保健、教育などの支援

お金や物資、労働力など、寄付の仕方はさまざま。人を助けるという行為によって社会や世界とつながり、心や知識を豊かにしてくれます

「監視役」を設定して貯金力アップ

相手任せの家庭はお金が貯まらない

お金が貯まらない家庭を見ると、家計は「妻任せ」「夫任せ」という家庭が多いようです。夫婦別会計の場合、収入に応じて、食費は妻、家賃と水道光熱費は夫などと分担し、貯金はお互いに「相手がしているはず」と思いがち。結局、どちらも貯めていなかったということはよくあります。

このような事態にならないよう、夫婦の財布はなるべくひとつにして、管理役と監視役を決めるとよいでしょう。大切なことは、それぞれの性格に合った分担をすること。一般的に男性は数字に強いといわれ、収支のバランスなど、大局的な家計の見方ができる人が多いようです。どちらも貯金できない性格というカップルは、仲のよい兄弟（姉妹）などに監視役をお願いしてもよいでしょう。

家計は変化するもの具体的に話し合って改善

夫婦で話し合っても、相手がなかなか協力してくれない、というのもよく聞く話です。結婚のときに話し合ったから、という人もいます。

しかし、家計は月ごと、年ごとに変化します。パートの収入も夫の残業代も毎月変わります。ボーナスにも変動があるでしょう。「今月は厳しい」と感情的に訴えるのではなく、「今月は厳しかったけどこれを節約した」など、数字で家計や努力が見えるようにしたほうが、改善に向けて前向きな話し合いがしやすいといえます。

CHECK

お金のことでケンカしない！
パートナーを上手に監視役にするコツ

POINT 1 家計を共有する

家計簿をお互いが見やすいところに置き、家計を共有しやすくします。パートナーの机の上やトイレもよいかもしれません。まずは、家計の流れを共有するところから始めましょう。

POINT 2 得意分野を生かして役割分担

毎月の生活費の内訳をグラフにする、長期的な計画表をつくるなど、得意分野で参加してもらいましょう。パートナーも自分の役割があれば、いい加減にはできなくなります。

POINT 3 話し合いの場をつくる

お互いにほしいものがあるときは、メリットを相手にプレゼンテーションするようにします。お金のことを自由に話し合える雰囲気が大切です。

月収の一部を出し合う場合は、夫婦で具体的な金額まで話し合っておくこと！

夫婦ふたりで協力して貯金するには

お互いの給与明細を把握しておこう！

「パートナーの給与明細を見たことがない」というのは、よくある話。プライベートを大切にしたいという理由もあるようですが、お互いの資産を把握していないと、非常事態にはあたふたすることに。

給与明細は夫婦で見せ合うようにして、まず、銀行に振り込まれる手取り額を把握します。これは、ふたりが自由に使い方を考えられるお金です。

そのほか、国に支払っている社会保険料の金額を確かめておくことも大切。自分たちが支払っている金額と同額を会社も負担してくれているため、給与から引かれている倍額を国に支払っていることになります。

ふたりの価値観から「お金の北極星」を決める

お互いの収入を把握したら、次は、「お金の北極星」を決めましょう。この場合の〝北極星〟とは次の2つです。

①ふたりの理想の状態
②ふたりのやりたいこと

つまり、ふたりで目指す未来です。

価値観が異なっても、お互いが同じ北極星を目指して歩めば、道に迷うことはありません。つまり、ムダな浪費をしたり、お互いの思い違いによって家計が狂ってしまったりすることはないのです。

やりたいことは、「家族で海外旅行に行く」「一軒家を購入する」など、なんでもOK。夫婦ふたりの気持ちを合わせて歩むことが大切なのです。

CHECK

いざというときに役に立つ社会保険の内容を知っておこう！

社会保険名		保障内容
健康保険 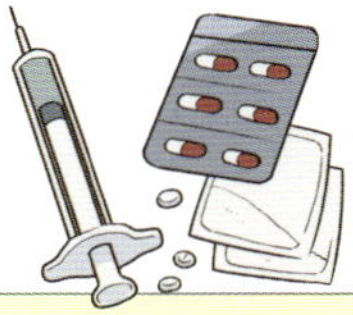		健康保険証を提示することで、原則、医療費が3割負担で受けられる
介護保険 		40歳以降から保険料を納めることで、介護サービスを1割または2割負担で受けられる
厚生年金保険 	老齢年金	支給開始は原則65歳からだが、支給開始年齢を60～65歳に早めて開始年齢から減額された年金で受給する「繰上げ受給」や、66～70歳に先送りして開始年齢から増額された年金で受給する「繰下げ受給」も選択可能
	障害年金	病気やけがにより後遺障害が残り、生活や仕事のうえで制限される状態になった場合に受給できる
	遺族年金	一家の大黒柱となる働き手や年金受給者が死亡した場合に、その家族に支給される
雇用保険 		失業時や産休中などの所得に対する保障となるほか、育児や介護で収入が少なくなる人への支援もある

家計管理サービスで半年に一度は資産を確認

金融資産は総額いくら？家計全体を把握しよう

「貯めるつもりが使ってしまった」という失敗を避けるため、銀行口座は目的別に3つに分けることをおすすめしてきました（⬇P.98）。

しかし、銀行口座がいくつかに分かれていると、自分の金融資産*の総額を把握するのが煩雑になります。また、クレジットカードは1回払いでも、銀行口座からの引き落としは翌々月。電子マネーの残高も使うたびに変動していきます。結局いくらあるのかわからないということにならないよう、自分の金融資産を半年に一度くらいは確認しておきましょう。

そこで便利なのが、オンライン家計簿と連動した家計管理サービス。インターネットやスマートフォンのアプリで、さまざまなタイプのものが提供されています。

家計管理サービスでポイントやマイル残高もわかる

銀行口座やクレジットカードを一括管理したい人向けのサービスとしては、「マネーフォワード」「Money《マネー》tree《ツリー》」「Zaim《ザイム》」などがあります。これは、銀行口座やカード番号を登録し、オンラインでデータを管理するサービスです。

対応しているのは、銀行やクレジットカード会社のほか、電子マネーやポイントカードなど幅広く、すべての残高をチェックできます。初心者は、ポイントの残高だけ把握するサービスから始めてもよいでしょう。

memo 金融資産：ここでは、現金や預貯金および株式や投資信託などの有価証券、ポイントなどの現金化しやすいものをいう。

CHECK

無料の家計管理サービスを活用して金融資産を把握しよう

家計管理サービス

さまざまな金融関連サービスに対応し、複数の口座にある資産を一括表示。
自動で集計や分析ができるものや、銀行口座などと連携できるものもあるので、
家計全体のお金の流れを把握し、節約意識を高めることができる。

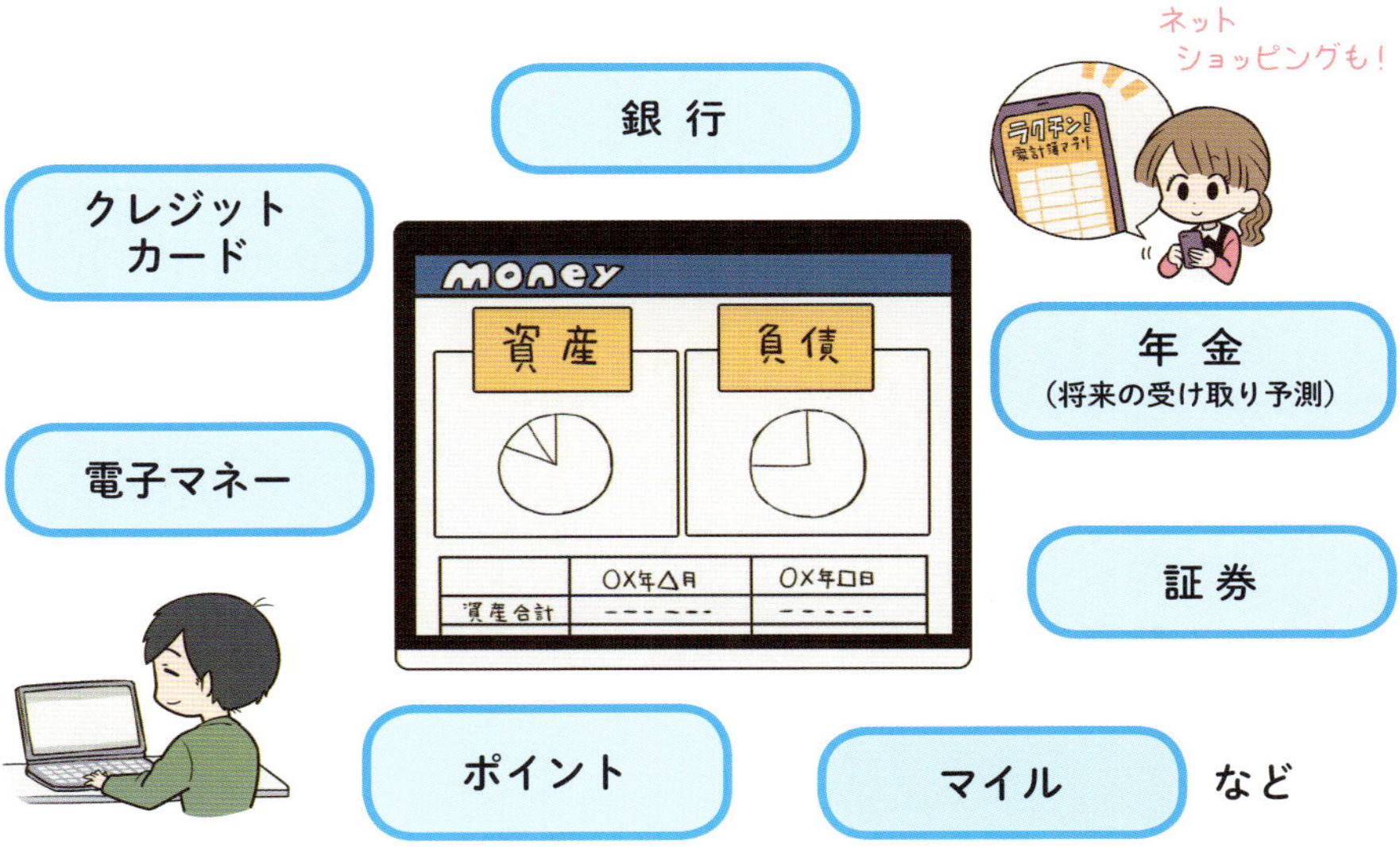

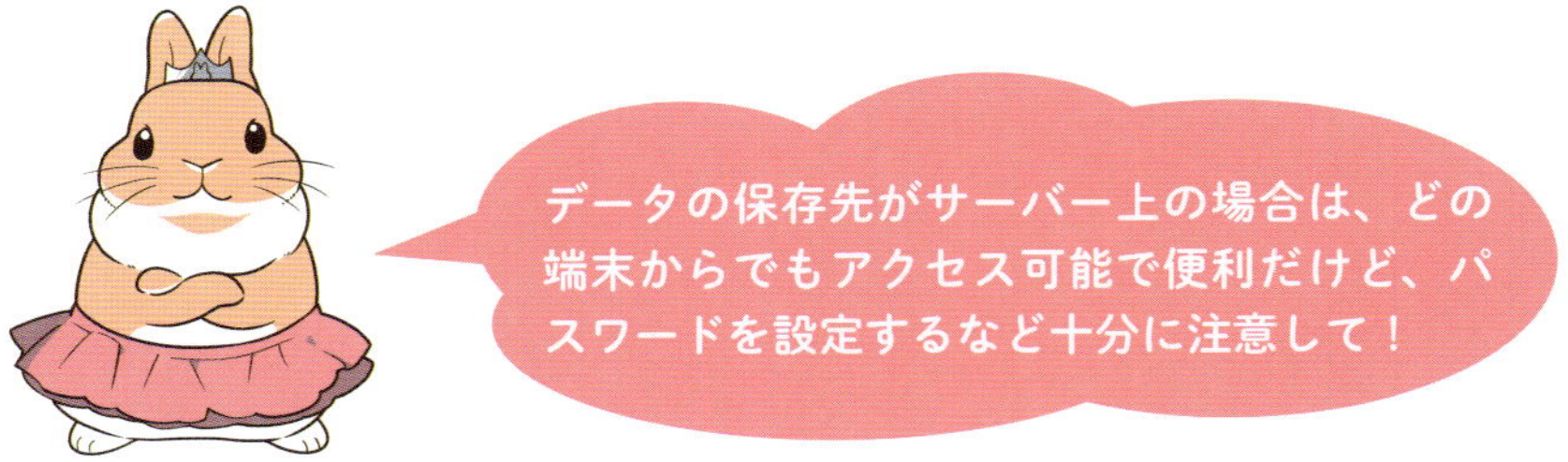

貯金は順調？
レベルアップ or 問題チェックを

貯金の目標額は、最初は低めに達成できたら金額を増やす

貯金の目標額は、最初はムリのないよう低めに設定します。子どもの教育費がかかる時期なら、月の手取りの10～20％を目標にしたいところです。もっとがんばろうと、ムリした金額を設定すると生活が窮屈になり、気持ちに余裕がなくなります。毎日の生活を楽しむことも大切に。

低めに設定した目標額がほぼ達成できるという自信がついたら、目標額をアップするのがおすすめ。目標額に早く到達すれば、お楽しみも早く実現します。または、貯金の目標を増やしたり、より大きな目標を持ったりすることもできます。

余裕資金で投資にチャレンジすることも可能ですが、投資にリスクはつきもの。勉強して十分に検討してから、始めるようにしましょう。

貯金の目標額を達成できない!? 原因はどこにある？

目標額を達成できない場合は、どこに問題があるのかチェックする必要があります。19ページのPDCAサイクルでいえば「C」（Check・評価）ですね。

大きな支出（固定費）から順番に、淡々と振り返って検討しましょう。そのうえで、貯金の目標設定にはじめからムリがあったのなら、目標額を下げるしかありません。

最近は、電気や携帯電話の分野でいろいろな企業が参入するようになり料金の変化も激しいので、よく調べて、安い会社に切り替えるのも手です。

CHECK

貯金の目標額達成に向けて固定費を見直そう

マイカー

◎排気量が少なく重量の軽いものに

自動車税は総排気量、自動車重量税は車体の重さを基準に金額設定されているので、車種を検討して減税対策を。

◎自動車保険を見直す

年齢や走行距離によって保険料が変わるので、見直してみると年間で数万円削減できることも。

◎マイカーを持たない

マイカーは、税金、駐車場代などの維持費が必要。カーシェアリングやレンタカーで大幅なコストカットも可能。

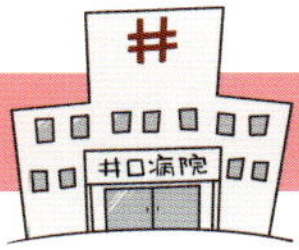

保　険

◎保障内容を減らす

欲張って高額な医療保険を選んでいたり、独身なのに死亡保険金が高いものを選んでいたりしないか確認し、保障内容を再検討しましょう。

◎低額の掛け捨てに変更する

日本は公的制度がしっかりしているので、生命保険は割安な掛け捨てを基本に考え、医療保障も必要最低限に抑えてもよいかも。

通　信

◎不要なオプションを見直す

利用していないサービスを解約するだけで、月々数百円ずつ浪費を削減できます。

◎格安SIMに変更する

格安SIMなら、月々の利用料金を2,000円程度に抑えられるケースも。

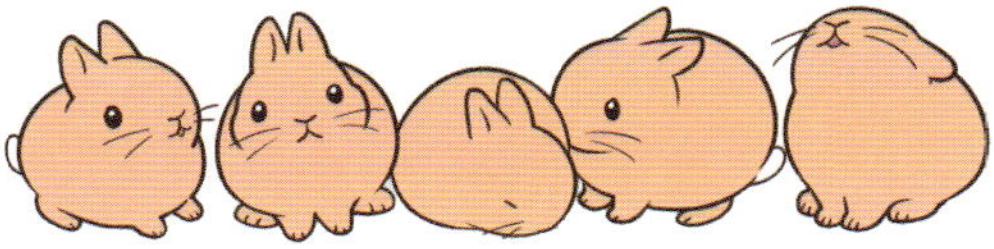

余裕資金が出たら資産運用にチャレンジ!?

資産運用をするなら何から始めたらいい？

貯金の目標額を達成できるようになったら、資産運用にチャレンジしてみるのもよいでしょう。低金利時代には、普通預金や定期預金で資産を十分に増やすことは難しいですよね。

資産運用を始めるなら、リスクを抑えるために次の3つを心がけること。

①債券、投資信託、株式など特徴の異なる金融資産に分散する

②商品の地域を分散する

③購入のタイミングを分散する

資産運用に興味はあるけれど難しそうという人は、資産運用のプロである証券会社が株式投資の運用をしてくれる投資信託を検討するのもよいかもしれません。運用バランスを考えて、いくつかの株式がパッケージになっているのでリスクが低くなります。

投資信託は手数料も要チェック

投資信託は、大きく分けて2種類。

●**アクティブ型**…プロに運用を任せ、市場平均を上回るリターン*を狙う。

●**インデックス型**…日経平均株価やTOPIX《トピックス》（東証株価指数）などの指数を指標として運用し、市場平均に近いリターンの確保を目指す。

インデックス型は手数料が安く、長期に運用する場合はアクティブ型よりも成績がよくなる傾向にあります。

積極的に資産を増やしたい場合は、ETF（株価指数連動型上場投資信託）がおすすめ。売買手数料はかかりますが、信託報酬*が比較的安いためです。

memo
リターン：収益率
信託報酬：運用手数料

CHECK

リターンが高いものはリスクも高い！ 各投資の性質をざっくり紹介

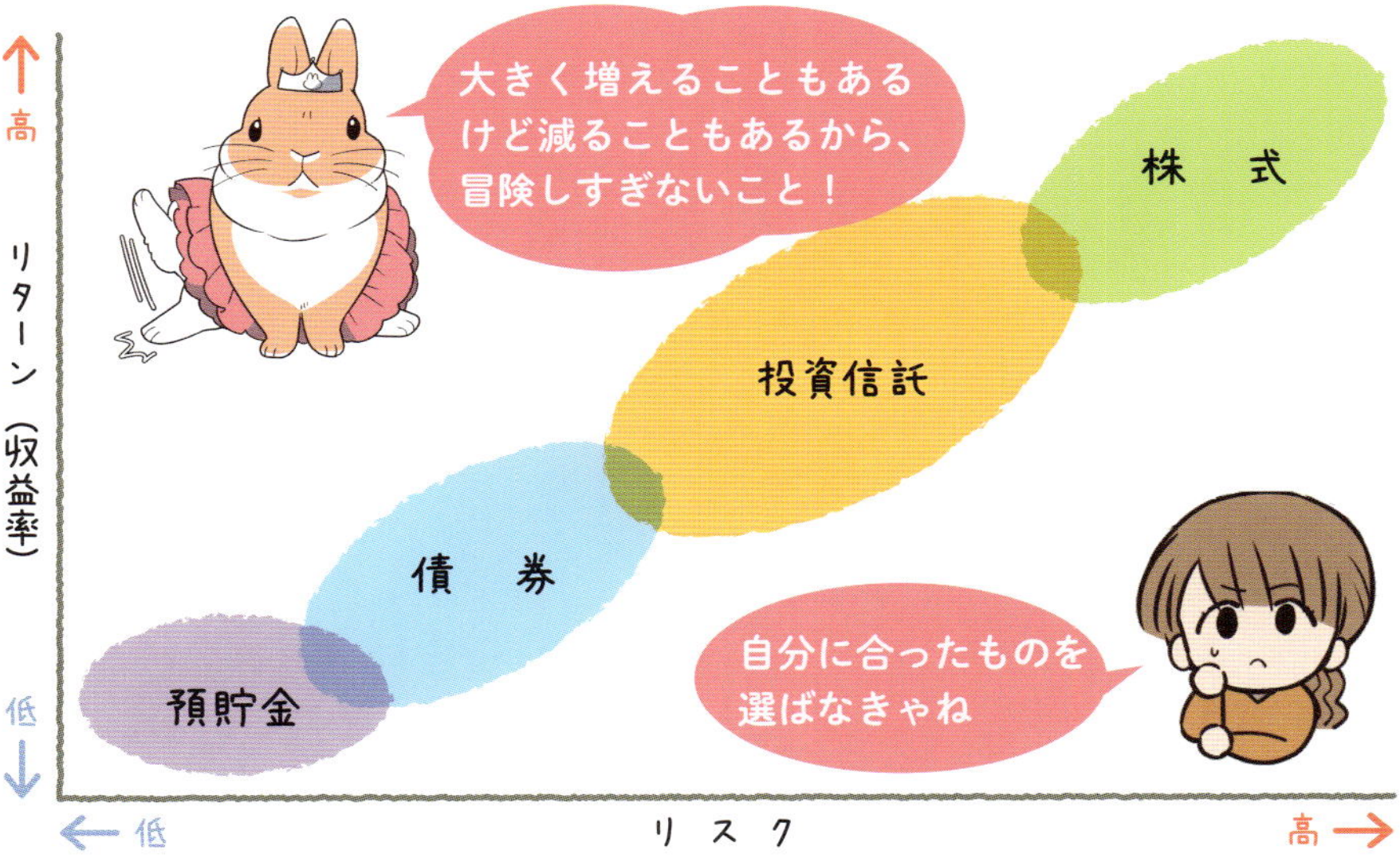

高
リターン（収益率）
低
大きく増えることもあるけど減ることもあるから、冒険しすぎないこと！
株　式
投資信託
債　券
預貯金
自分に合ったものを選ばなきゃね
低
リスク
高

債券

国や公共団体、企業などが、複数の投資家からお金を借りるときに発行。定期的に利子を受け取ることができ、満期まで持てば額面金額を受け取ることができます。

- 国債…国が国民からお金を借りるときに発行
- 社債…株式会社が一般の人や他の企業からお金を借りるときに発行

投資信託

少額から投資可能。複数の株式などを組み合わせてひとつの商品とし、それをプロが運用します。そのため、購入時手数料や信託報酬などの手数料がかかります。商品によって、リスクやリターンはさまざまで、場合によっては*元本割れするリスクがあります。

株式

事業資金を集めるために株式会社が発行し、証券市場で取引されます。買ったときより株が値上がりしたときに売却すれば売却益が得られますが、その銘柄が値下がるリスクや、企業が経営破たんするリスクもあります。

memo 元本割れ：最初に掛けた金額より少ない額しか戻らないこと。

資産運用は長期計画でリスクと上手に付き合おう！

トライするなら少額がキホン 投資で冒険は禁物

投資信託には多くの商品があり、商品ごとにリスクが異なります。基本的にリターン（収益率）が高いものは、リスクも高くなります。つまり、大きな利益を得るチャンスがある一方で、元本割れするリスクも高いのです。ですから、少額でトライすることが大切。商品ごとに購入時手数料や信託報酬（運用手数料）が異なることも忘れずに。

投資する際は、次の5つにも留意しましょう。

①長期投資をする
②分散投資をする
③複利の力を利用する
④ムリはしない
⑤最低限必要な現金は残しておく

長期投資して老後に備えるには

２０１４年から始まったＮＩＳＡ《ニーサ》（少額投資非課税制度）は、年間１２０万円までの株式投資による収益が５年間非課税になる制度。２０１８年からスタートした「つみたてＮＩＳＡ」は、投資額は年間40万円までですが、非課税期間は20年です。これらは同時には利用できないので、投資に回せる金額などによって選択を。

また、個人が年金を積み立てることで、公的年金制度に上乗せして給付を受け取れるiDeCo《イデコ》（個人型確定拠出年金）も、積立金額が全額所得控除されるうえ、運用中の利益も非課税。原則60歳まで引き出せないため、老後の資金を貯めるのに向いています。

CHECK

リスクと上手に付き合うための5つの運用方針

POINT 1 長期投資をする

株価が上昇するタイミングをつかむのは難しいですが、長期投資すれば、株価の大幅な上昇に遭遇する可能性が高くなります。

POINT 2 分散投資をする

ひとつの商品のみに投資した場合、その商品の価格が暴落したら、大きな損失に。しかし、分散投資すれば、他の商品の利益でカバーできることも。

POINT 3 複利の力を利用する

複利(元金＋利子)を毎年かけていくことで、利幅が大きくなります。ただし、商品の価格は常に変動しているため、購入した値段よりも価値が下がれば元本割れするリスクがあります。

100 万円を複利運用した場合

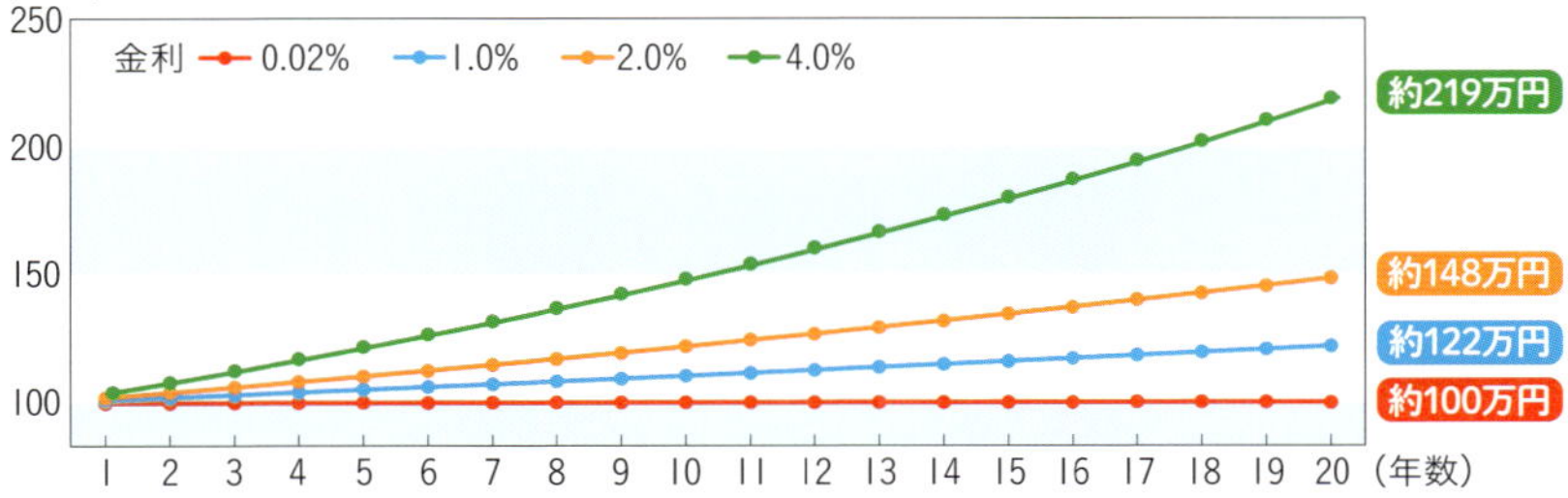

POINT 4 ムリはしない

利益が絡むと、夢中になって予定よりも投資してしまうということも。利益を追って熱くなりすぎないよう要注意。

POINT 5 最低限必要なお金は残しておく

リストラや病気……。何が起こるかわからないので、最低でも3か月は生活できるお金はとっておきましょう。

COLUMN 3

教えて！キャーロット様

Q

ボーナスの額が時期によりかなり変動します。貯金の計画はどうやって立てたらよいですか？

A

最低ラインを基準に「先取り貯金」の計画を立て、それより増えたときは、その分を特別支出用の口座（➡ P.99）に預けておいて、ムリのない家計運営にするといいわ。増えた分を定期預金や確定拠出年金にしてしまうと、特別支出が増えたときに身動きがとれなくなるわよ。

Q

投資を始めたいと思いますが、どの証券会社を選んだらよいか、わかりません。

A

手数料の安さからいうとオンライン証券ね。サイトの使いやすさ、自分が使っている銀行やクレジットカードとの相性のよさ、商品のラインナップや手数料などで選んで。対面式の証券会社を選ぶ場合は手数料が高くなるけど、対面でないと買いにくい商品もあるのでうまく使い分けて。

第4章

ライフイベントに備える！
楽しい人生のマネープラン

ハッピーバースデー大和！
パーーン
――ねえ貯金どう？
がんばって節約してるわけじゃないのに貯まってるよ！
キャッキャッ
私も！
キャーロット様見て～♡
キャッキャッ
当然よ！
この私が指導してるんだから
少し先を見据えた蓄えができたら次はもっと長期のライフイベントに備えるわよ
ライフプランは大切よ
すたっ
思い返せば…
私も長いうさぎ人生いろいろあったわ
ほう…
栄華
革命
戴冠
えっ!?

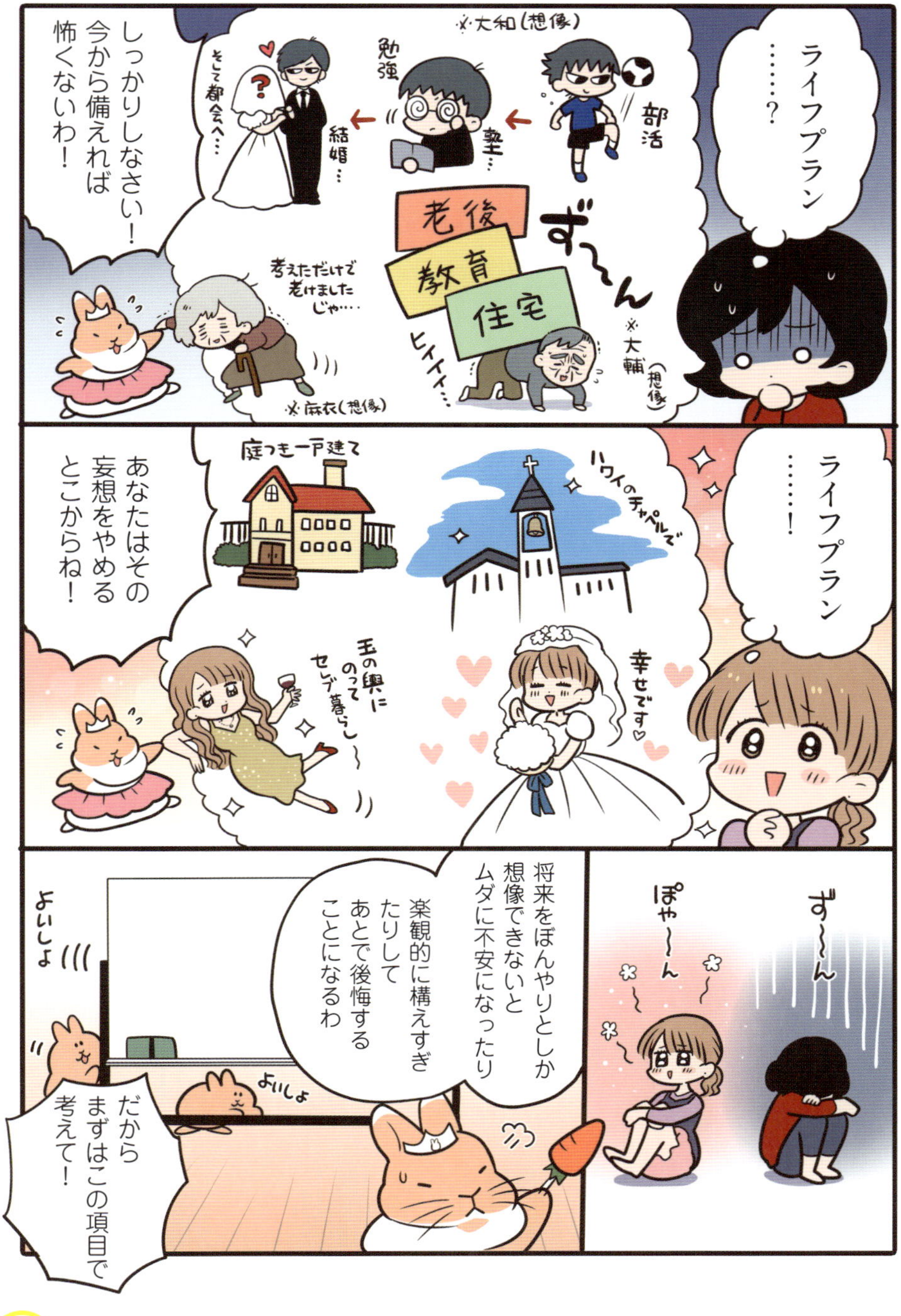
ライフプラン……？
※大和（想像）
部活
塾…
勉強
結婚…
そして都会へ…
ず～ん
老後
教育
住宅
ヒイイイ…
※大輔（想像）
考えただけで老けましたじゃ……
※麻衣（想像）
しっかりしなさい！今から備えれば怖くないわ！
ライフプラン……！
ハワイのチャペルで
幸せです♡
庭つき一戸建て
玉の輿にのってセレブ暮らし～
あなたはその妄想をやめるとこからね！
ず～ん
ぽや～ん
将来をぼんやりとしか想像できないとムダに不安になったり
楽観的に構えすぎたりしてあとで後悔することになるわ
よいしょ
よいしょ
だからまずはこの項目で考えて！

〈将来のお金の考え方〉
◎ 人生で必要なお金の全体像を知る
◎ 住宅・教育・老後の三大出費に備える
◎「貯めどき」に気づいて逃さない
◎ お金に関する制度や保険を把握する
◎ ライフプランを立てる
ふむ
ふむ
この「貯めどき」には3つの時期があるわ
①独身または夫婦だけの時期
私?
②子どもが小学校低学年くらいまで
私たち
③子どもの独立後からリタイアまで
つまりあなたたちはどちらも「貯めどき」なの
この人生の「貯めどき」にしっかり蓄えられるようプランを立てておかなくちゃ

ちなみに!!
何の備えもなしに結婚を機に会社を辞めると
数千万円も損する可能性もあるわよ
えっ
たとえば30歳のあなたが年収300万円だとすると……
その差なんと6500万円!!
もしもし？ 今日の会議ですが〜
正社員
年収 300 万円
30 年後
9,000 万円！
専業主婦
年収 0 円
5 年後
25 年後
パート
年収 100 万円開始
えっ
コレだけ？
2,500 万円…
パートもしない専業主婦を目指したいなら夫の収入だけで年間600万円あるのが理想よ
ふたりで年収600万円
でもそういう殿方《とのがた》を探すよりも夫婦で600万円稼ぐほうがリスクも少ないし貯めやすいんじゃないかしら
それに専業主婦だってラクじゃあないわよっ！
大丈夫？

この3つの条件が
クリアできていれば
一時的に家庭に
専念するのは
ありだと思うけど…
①半年分の
生活費の
貯金がある
②再就職できる
スキルがある
③夫の収入だけで
教育費と老後資金を
貯められる
まかせろ
ムリムリ!!
うん…
働きながら
家事・育児を
こなすのは
本当に大変だと
思うけど…
長い人生で
考えたときに
自分にとって
何が最良かじっくり
考えてほしいわね
イクメンが何羽いてもね
キャーロット様……♡
ギュッ
そう!
貯金は
人生を豊かに
幸せにする
アイテムなの
貯金があれば
……
家族の夢を
叶えたり…
新居に引越すぞ!
イエーイ!
骨折した〜
突然のアクシ
デントにも
慌てずに
対応できるわ
高校生になった大和
オレ留学
したいんだ!
会社辞めても
いい?
何っ!?

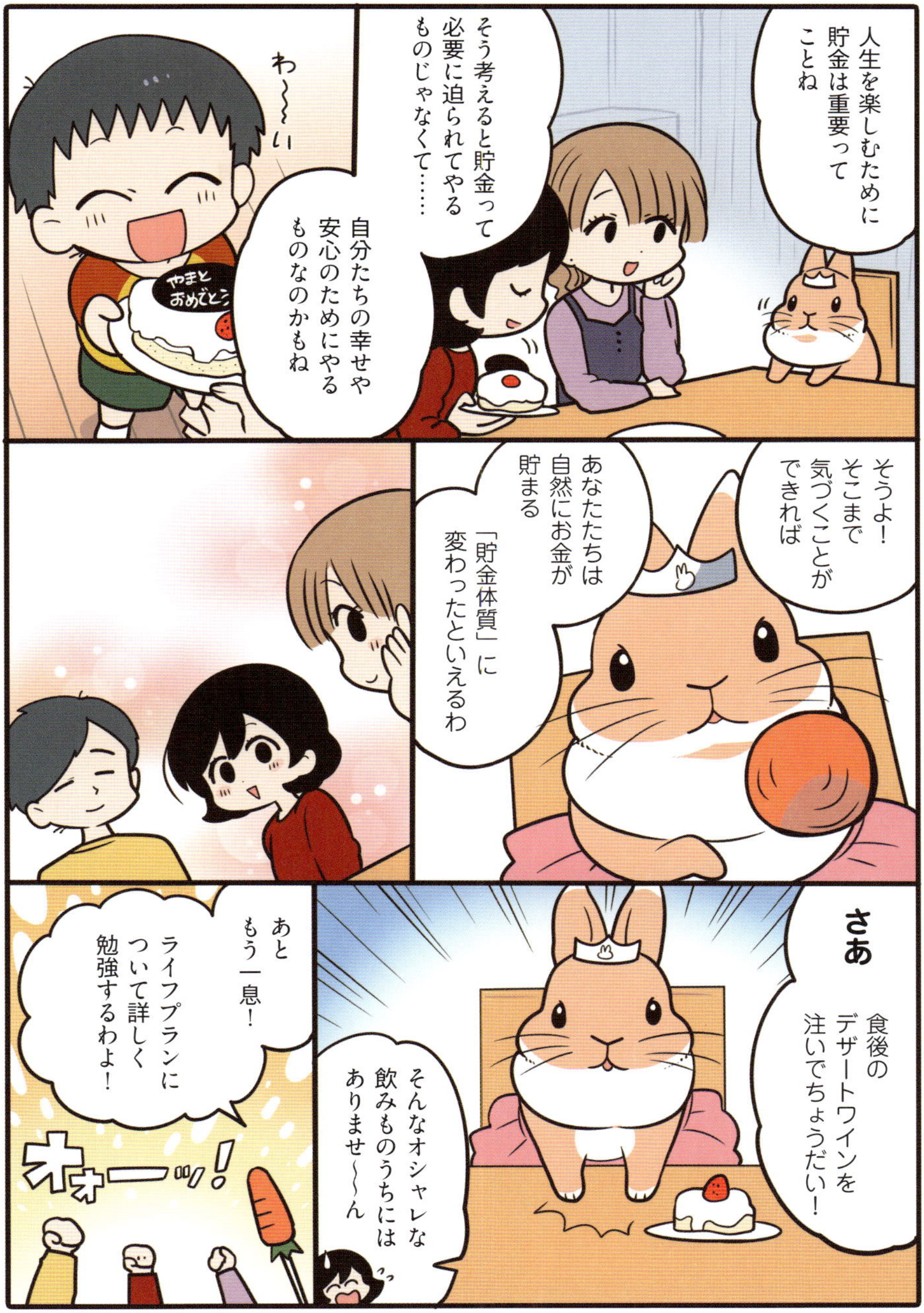
人生を楽しむために貯金は重要ってことね
そう考えると貯金って必要に迫られてやるものじゃなくて……
自分たちの幸せや安心のためにやるものなのかもね
わ〜〜い
やまと
そうよ！そこまで気づくことができれば
あなたたちは自然にお金が貯まる「貯金体質」に変わったといえるわ
さあ
食後のデザートワインを注いでちょうだい！
そんなオシャレな飲みものうちにはありませ〜〜ん
あともう一息！
ライフプランについて詳しく勉強するわよ！
オォーッ！

老後を見据えた ライフプランを立てよう

ライフプランを立てると貯金の計画が見えてくる

家計簿で「月ごと」や「年間」の収支を把握できるようになったら、次はライフプランを立てましょう。人生設計が明確になると、これからいくら必要になるのかが具体的にわかり、自然とお金の使い方も変わってきます。

ライフプランを立てるにあたって、最初に、結婚、出産、子どもの教育、住居購入など、自分が思い描いているライフイベントや大きな支出をピックアップしていきます。夫婦であれば、お互いの希望を出し合います。

次に、いつ必要なのか、いくらかかるのかを計算します。左ページに、おもなライフイベントの平均的費用を挙げたので、参考にしてくださいね。

老後の費用は総合的に見積もって！

公的年金制度は変化するため、年金や社会保障の見通しは立ちにくいといえますが、生きていくうえで必要な費用は、ある程度算出できます。

一般的に、老後の生活費は、現役で働いていたときの7割程度を目安に計算します。総務省の家計調査*では、高齢者夫婦の月の平均支出は約26万円、単身者なら約15万円です。この金額に、定年後から平均寿命（できれば１００歳）までの年月分を掛け算した金額が、老後の生活費。さらに、医療や介護、葬儀の費用として最低１５００万円加算したものが、老後の総費用です。老後にかかる生活費については、１４０ページを参照してください。

memo ＊総務省統計局「家計調査（家計収支編）平成29年（2017年）平均速報結果の概要について」

CHECK

あなたのライフイベント HOW MUCH?

2で割って両親の援助やご祝儀を引いても100万円は用意しないと

結　婚

婚約～新婚旅行：463.3 万円
新生活準備：72.3 万円

リクルートマーケティングパートナーズ「ゼクシィ結婚トレンド調査 2017」、リクルートブライダル総研「新生活準備調査 2016」より

出　産

妊産婦検診：国が望ましいとしている回数は 14 回
分娩：約 50 万円（入院・検査含む）*
そのほか、ベビー用品、ワクチン代など

*公益社団法人国民健康保険中央会「出産費用 平成 28 年度」より

妊娠・出産は公費による補助制度はあるけど健康保険は効かないのよね…

教育費（小学校～大学）（➡ P.139）

【すべて公立の場合】
1 人あたり約 962 万円
【中学校以降私立の場合】
1 人あたり約 1,783 万円(大学は理系の場合)

文部科学省「平成 28 年度子供の学習費調査」、日本政策金融公庫「平成 28 年度教育費負担の実態調査結果」より算出

ぼく、飛行機をつくる人になりたい！

住宅購入（➡ P.137）

物件価格＋諸経費（物件価格の 10%程度）
※諸経費＝住宅取得税、登記費用、引越し費用など

車購入

車両価格＋諸経費（車両価格の 20%程度）
※諸経費＝自動車取得税、自動車重量税、消費税、自賠責保険などの費用

家も車も、意外と諸経費がかかるんだなあ

memo 上記は、出産育児一時金や児童手当、住宅借入金等特別控除（➡ P.146 ～ 147）などの公的な補助金は差し引かれていない金額。

人生の三大出費に備えよう①
住宅購入費

購入金額以外の出費も予定に入れる

マイホームは一生のうちで一番大きな買いもの。最近の住宅の全国平均価格は、土地付き注文住宅３９５５万円、建売住宅３３３８万円、マンション４２６７万円*といわれています。これはあくまで購入金額。ほとんどの人は住宅ローンを組むため、利子も支払い続けることになります。利子は返済期間が長ければ長いほど多くなります。

マイホームの資金計画の立て方

ローンに追われて四苦八苦することがないよう、身の丈に合った価格の物件を選ぶことが大切。目安は年収の５倍まで。３〜４倍程度に抑えるのが理想です。年収６００万円なら、１８００〜２４００万円です。

頭金は、最低でも物件価格の20%は準備したいもの。また、権利登記や印紙代、火災保険などの諸費用として、物件価格の10%程度かかります。所有後のランニングコストも忘れずに。毎年の固定資産税や毎月の管理費、修繕積立金なども含めて予算組みを。

住宅購入費用の積立は、１０２ページで紹介した財形住宅貯蓄を検討してもよいでしょう。

住宅ローンを組む場合は、利息分の一部を所得税から控除できる住宅借入金等特別控除の手続きを購入時にしましょう（一部対象外の住宅あり）。

ローン返済とランニングコストを合わせた「住居費」は、月の手取りの30%以内に収めるのが理想です。

memo ＊2016年フラット35利用者調査

CHECK

もしもマイホームを取得したら…
必要資金のシミュレーション

1 物件価格
2,400万円

頭金（20％）
480万円

住宅ローンでの支払い（80％）
1,920万円＋ **2 利子**

＋

3 諸費用（物件価格の10％）
240万円

権利登記、印紙税、ローン事務手数料、団体信用生命保険（団信）*、火災保険など

4 ランニングコスト

固定資産税、管理費、修繕積立金（修繕費）など

貯金の目標額に早く達したら、返済期間を短縮する繰上返済に切り替えよう！

マイホームを購入・維持するのに必要なお金

1 物件価格 ＋ 2 ローン利子 ＋ 3 諸費用（物件価格の 10％） ＋ 4 ランニングコスト

memo 団体信用生命保険（団信）：借入者が死亡・高度障害状態になった場合、ローン残高が保険金で清算される生命保険。

人生の三大出費に備えよう②
教育費

幼稚園から大学までの教育費トータルでいくらかかる？

「子どもには最高の教育を受けさせたい」という人も多いでしょう。では、教育費用はいくらかかると思いますか？ 左ページに挙げた数字から算出すると、幼稚園から大学まですべて国公立で自宅から通うのであれば約1000万円。すべて私立で大学は理系、自宅外に部屋を借りて生活するのであれば約3000万円かかります。大学で芸術系や医学部を選択した場合は、それ以上です。

子どもが生まれたらすぐに貯め始めよう！

大きな金額に驚くかもしれませんが、子どもが生まれたときからスタートすればムリなくクリアできます。

出産や七五三のお祝い、お年玉なども教育資金にあてます。教育費は基本的には口座③（➡P.99）に貯金しておきますが、子ども名義の口座を別につくってもよいでしょう。そのほうが贈答の記録になるうえ、罪悪感から貯金を引き出しにくくなるからです。所得制限があるものの、中学3年生まで国から支払われる児童手当もすべて貯めれば、200万円近くになります。

金融商品を利用する場合は、積立タイプの学資保険など、確実に貯まる仕組みを利用するとよいでしょう。学資保険は、満期が年末になるように11月頃に加入するのがおすすめ。

それでも不足する場合は、奨学金を利用することなども視野に入れましょう。

CHECK

公立？ 私立？
幼稚園から大学までにかかる教育費

幼稚園3歳～高等学校3年生までの学習費

※数字は文部科学省「平成28年度子供の学習費調査」より算出した概算金額

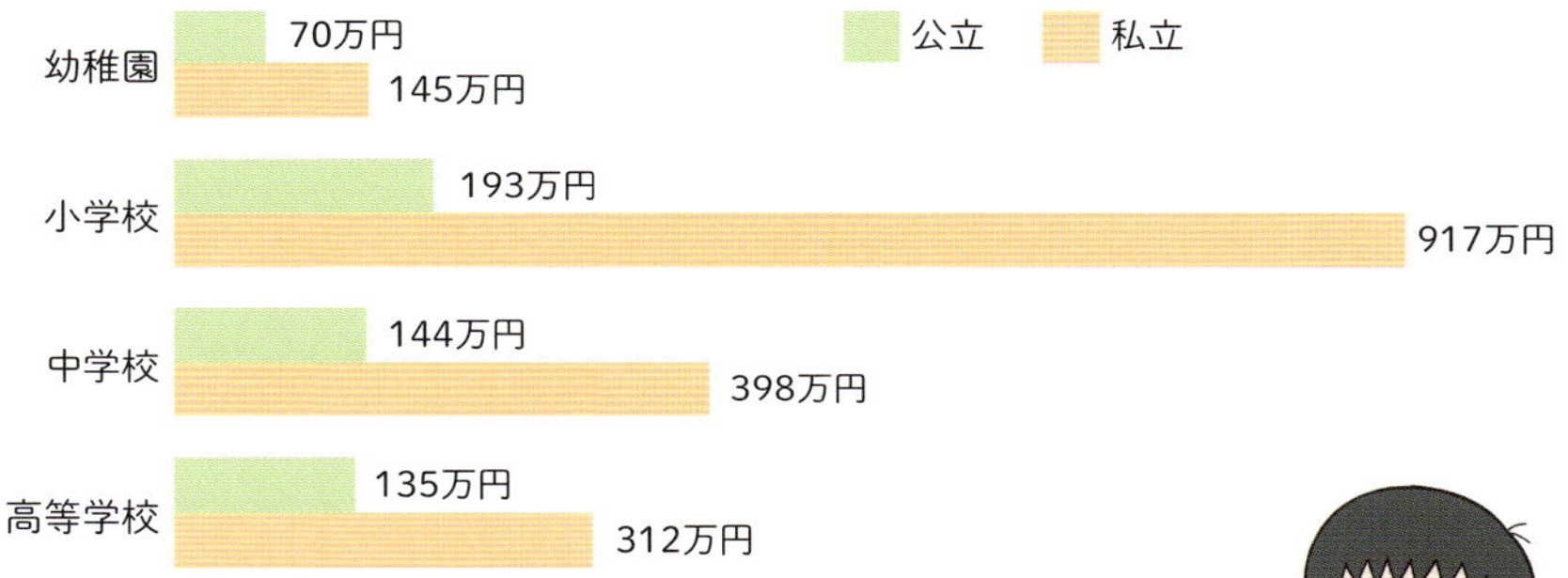

トータルで考えると…

幼稚園		小学校		中学校		高等学校	
公立	▶	公立	▶	公立	▶	公立	542 万円
私立	▶	公立	▶	公立	▶	公立	617 万円
公立	▶	公立	▶	公立	▶	私立	719 万円
私立	▶	私立	▶	私立	▶	私立	1,772 万円

短大・大学の入学～卒業までの費用および生活費

※数字は日本政策金融公庫「平成28年度教育費負担の実態調査結果」より算出した概算金額

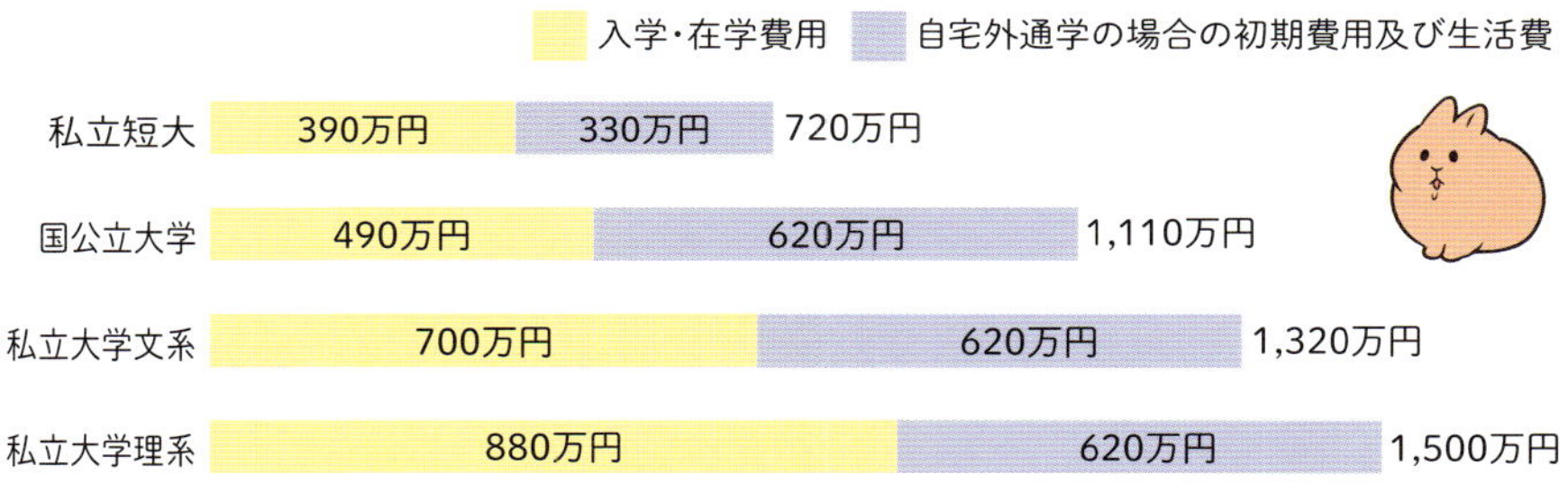

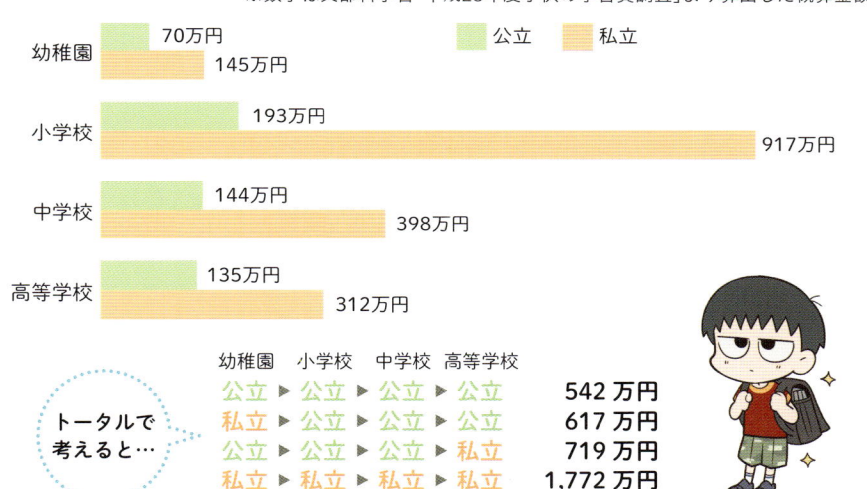

人生の三大出費に備えよう③
老後の資金

今の生活費を基準に老後に必要なお金を確認

人生90年とも、それ以上ともいわれる現在、生涯にどのくらいのお金が必要なのでしょうか。

総務省の家計調査＊では、高齢者夫婦無職世帯の平均支出は月約26万円。それに対して平均収入は月約21万円なので毎月5万円不足となり、貯金を切り崩す必要があります。

仮に１００歳まで生きるなら、年金が支給される65歳からの35年間で、生活費分として約２１００万円の蓄えが必要。単身者は、平均支出が月約15万円なのに対し、平均収入は月約11万円なので、約１６８０万円必要です。

ただし、ライフスタイルによって老後に必要な金額は異なるので、まず、どのような暮らしをしたいか決めましょう。

葬儀費用などの予備費も合わせて計上してみる

現在の家計簿を参考に、65歳以降の暮らしを思い描きます。子どもが巣立ち夫婦ふたりだけになると食費や水道光熱費は多少減るが、交際費や通信費はさほど変わらない。被服費は減少傾向、マイカーを手放して車検代や駐車場代を減らそう……といったイメージです。生活費は、今後の物価の上昇や年金の縮小を考え、５％ほど加算した額を定めるとよいでしょう。

さらに、予備費として医療費や介護費、葬儀費用を加え、旅行費用や家の修繕費、子どもの結婚費用なども予算に入れて、必要額を確定しましょう。

memo ＊総務省統計局「家計調査（家計収支編）平成 29 年（2017 年）平均速報結果の概要について」

CHECK

老後に必要なお金をチェックして ライフプランに活用しよう

65～100歳の生活に最低限必要なお金

	1か月の平均支出	平均収入	不足額
2人世帯	約26万円	約21万円	約5万円
単身世帯	約15万円	約11万円	約4万円

↓

		2人世帯	単身世帯
老後の生活費		月約5万円×35年 →約 2,100万円	月約4万円×35年 →約1,680万円
予備費	医療費	約400万円	約200万円
	介護費	約1,000万円	約500万円
	葬儀費用	約100万円～	約50万円～
合　計		約3,600万円～	約2,430万円～

そのほかに用意しておきたいお金

旅行費用

家の修繕費

子どもの結婚式や独立の支援

年金予定額は、国民年金、厚生年金、共済年金の加入期間によって変更されるから、毎年確認するといいわ

転ばぬ先の杖
医療・介護費にも備えを

医療費は貯蓄と保険をうまく組み合わせて

医療費については、高額になった場合、高額療養費制度（➡P．147）を利用すれば、年齢や所得などにもよりますが、おおむね1割負担とすることができます。

これを踏まえ、一度の入院の費用としては、200万円あればよいでしょう。このうちの約半分は保険でまかなうこともできます。休職中の収入を補てんするものとして、傷病手当金（➡P．147）があります。

保険は、掛け金が比較的少なく支払い手続きの簡素な共済がおすすめです。けがや病気、先進医療関連の医療保険、傷害保険は、プラスαとして検討しましょう。

介護費は当座の5年分を貯蓄で補うスタンスで

介護保険法によって、必要な費用の1割*の金額で、介護サービスが受けられるようになりました。

ただし、介護の度合いによってひと月の利用限度額が決められており、要介護1なら自己負担額1万6692円、要介護5なら自己負担額3万6065円までとされ、それを超えると10割負担になります。そのため、在宅介護で実際にかかる費用としては、月5万円程度を想定しておきたいところ。

在宅介護が難しく、公的な特別養護老人ホームや民間の有料老人ホームを利用する場合は、さらに大きな金額が必要に。それらに備えて、使える制度の活用法などを知っておきましょう。

memo ＊一定以上の所得がある人は2割負担。2018年8月からは2割または3割負担

CHECK

使える制度を活用して リスクに備えよう！

STEP 1 制度を確認

何をどこまで
補てん・保証
してもらえるのか

例）高額療養費制度
傷病手当金

→

STEP 2 試　算

直接かかる費用と
間接的に
必要な費用は？

例）医療費実費
交通費

→

STEP 3 設　計

貯蓄あるいは
保険で備えを
検討していく

つまり、リスクにはこう備える！

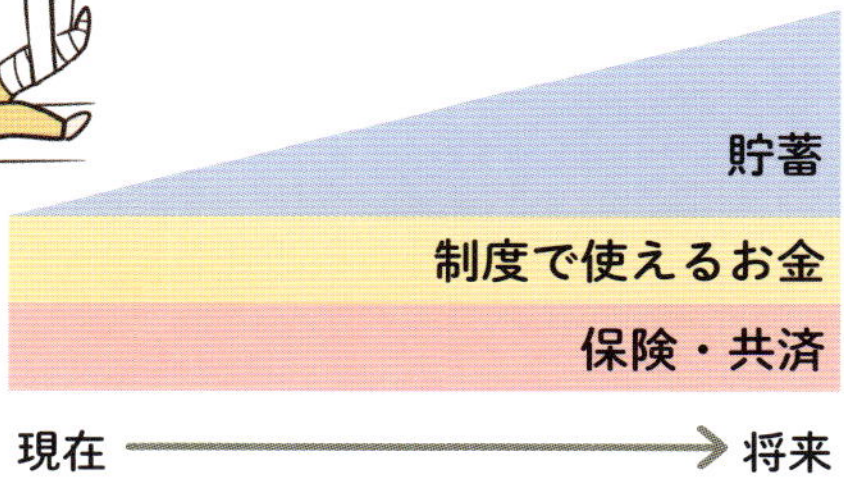

高額療養費制度は、月をまたいでの手術入院時には損になることもあるから、事前に確認したほうがいいわ

介護保険や医療費の補助制度は変更が多いから、ニュースはこまめにチェックしなくちゃ

人生に3回訪れる「貯めどき」を味方にしよう

新婚のときこそ財布の紐をゆるめない

人生における「貯めどき」はおおよそ次の3つの時期です。

①独身または夫婦だけの時期
②子どもが小学校低学年くらいまで
③子どもの独立後からリタイアまで

独身または夫婦ふたりだけの時期は、「第1の貯めどき」。収入は少なくても、節約して貯金がしやすいとき。ここで財布の紐を締めておくと、その後に貯金すべき額が少なくてすみます。

子どもが生まれてからしばらくは何かとお金がかかりますが、それ以降は支出も落ち着きます。また、いったん仕事を辞めた妻が働き始めることも多いでしょう。ここまでが「第2の貯めどき」です。

「第3の貯めどき」を効果的に活用しよう

「第3の貯めどき」は、子どもの独立後から夫婦がリタイアするまで。この期間は、子どもの教育費がかさむ時期もすぎ、さらに就業年数から所得が増えている世帯も多いでしょう。住宅ローンも完済しているかもしれません。貯金する馬力があるときなので、一気に老後の資金を貯めることが可能。

最近は晩婚化や出産年齢の上昇によって、第3の貯めどきがない人もいます。その場合は、第1・第2の貯めどきで、貯金する金額のウエイトを上げたり、支出額を下げたりするなどの対策を。「貯めどき」を逃さずに貯金して、人生で必要な「お金」を準備できるようにしましょう。

CHECK

貯める第一歩は「貯めどき」を意識することから

20歳

就職

結婚

貯めどき❶
人生で最も貯蓄をしやすい時期。収入を自由に使いやすく趣味や交友関係で散財しがちなので、気持ちを引き締めよう！

出産

子ども幼少期

子ども小学校低学年

貯めどき❷
子どもが小さいときは、比較的支出が抑えられる時期。塾や習い事、受験などの教育費で支出が増える前に、しっかり貯金を！

教育費

住宅ローン

私は「貯めどき❶」かあ…
うちは「貯めどき❷」なのね！

子ども独立

貯めどき❸
子どもが独立し教育費がなくなるため、貯めやすくなる時期。夫婦ふたりなら、生活費も軽減。人生最後の貯めどきは、老後の資金を増やすチャンス！

60歳

定年

いままで
おつかれさまでした

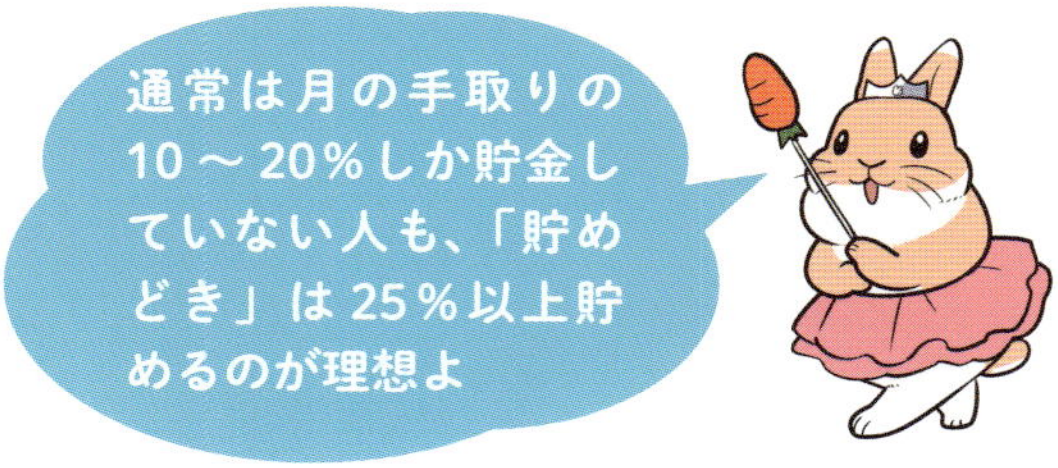
通常は月の手取りの10〜20%しか貯金していない人も、「貯めどき」は25%以上貯めるのが理想よ

知ってておきたい制度

もらえるお金とは？

いざというときに利用できる制度を簡単に紹介するわ。ただし、制度には変更がつきもの。利用する前に、条件も含めた詳細を必ず関連機関に確認！

出産に向けて

制度名	内容	申請先
出産手当金	出産のため会社を休んだとき、1日につき、給料の3分の2相当額が支給される	勤務先の担当者（国保の人にはない制度）
出産育児一時金	妊娠4か月以後の出産（流産または死産を含む）の場合、子ども1人につき42万円（産科医療補償制度加算対象出産ではない場合は、40万4,000円）が支給される	健康保険組合
育児休業給付金	育児休業を取得したとき、一定の要件を満たしている場合に支給される	勤務先の担当者
特定不妊治療費助成制度	特定不妊治療（体外受精および顕微授精）にかかった治療費を助成	自治体

子育てをしているとき

制度名	内容	申請先
乳幼児医療費助成制度	子どもにかかる医療費を助成。助成対象となる年齢は自治体により異なる	自治体
児童手当	中学校修了前までの子ども1人につき、月額1万5,000円または1万円が支給される。ただし、所得制限限度額以上の場合は、年齢などにかかわらず、子ども1人につき月額5,000円	自治体、勤務先の担当者
災害共済給付制度	学校の管理下（授業や部活動、登下校中など）に起こった災害で子どもがけがや病気などをした場合に、医療費や見舞金の給付を受けることができる	学校の設置者（教育委員会や学校法人など）を経由して日本スポーツ振興センター

住宅購入をするときに

制度名	内容	申請先
住宅借入金等特別控除	住宅ローンを組んで住宅の購入や増改築をし、一定の要件を満たした場合、利息分の一部を所得税から控除	購入時に手続き

病気・けがのときに

制度名	内容	申請先
高額療養費制度	１か月（１日から末日まで）に支払う医療費が上限額を超えた場合、超えた金額分が払い戻される。上限額は年齢や所得により異なる	健康保険組合、国民健康保険窓口
傷病手当金	けがや病気などで会社を休んだとき、１日につき、給料の３分の２相当額が支給される	健康保険組合、全国健康保険協会
労災保険（労働者災害補償保険）給付	業務上または通勤時に起こった災害によってけがや病気などをした場合、必要な保険給付を受けることができる	勤務先の担当者

世帯主がもしものときは

制度名	内容	申請先
児童扶養手当	ひとり親家庭などに手当を支給（子どもが18歳を迎えた年度末まで）。支給額は所得や保護者の状況により異なる	自治体
就学援助制度	経済的理由によって、子どもを小・中学校に就学させることが困難な場合、学校生活で必要な費用（学用品費や学校給食費など）の援助を受けることができる	自治体
失業給付	離職した人の求職活動を支援するために支給。１日あたりの支給額は離職前の給料をもとに算出される	ハローワーク
公共職業訓練制度	求職者を対象に、就職に必要な知識や技術の取得、レベルの向上を図るために職業訓練を実施	ハローワーク
葬祭費	国民健康保険に加入している人が死亡したとき、葬儀を行った人（喪主）に対して費用が支給される。支給額は自治体により異なる	自治体

保険は必要度と予算で選ぼう

入るべき保険とは？

保障内容と金額を一覧表にしておくと、保障内容の重複や請求し忘れを防ぐことができるわよ！

生命保険

生命保険は死亡時の保障です。

シングルなら自分の葬儀費用程度の補償額でよいので、あまり考えなくてもよいでしょう。

一家のメインの働き手であれば、残された家族、特に子どもの教育費の分は加入しておいたほうがよいでしょう。比較的掛け金の安い共済などにして、子どもの成長に従って補償額を下げる方法がおすすめです。

なお、住宅ローンを借りる際には、一般的にはローン分の生命保険に加入することになります。また、学資保険の場合は保護者が死亡した場合には保険金がおりるので、その分を考慮して金額を設定してもよいでしょう。

医療保険・傷害保険

けがや病気に備えて入ります。通院や入院について１日あたりの保障がつくものが多く、手術や病気によって別途保険金がおりるものもあります。

最近は、主婦が入院したときこそ物入りと、加入するよう勧められるようです。

また、事故やトラブルに備える個人賠償保険が注目されています。

何かあったときに保険金をもらいそびれないよう、クレジットカードに無料でついてくる保険などもチェックしておきましょう。

火災保険・地震保険

　賃貸住宅の場合、契約時に火災保険に加入することが多く、住宅を購入する場合もローン設定時に加入が求められます。必要な金額を検討して加入しましょう。

　地震保険は、火災保険とセットで加入するものです。他の保険に比べて掛け金は高額ですが、新居を建てたばかりの人や貯金が少ない人は、災害に備えて加入したほうがよいでしょう。

自動車保険

　車を購入すると、強制的に自賠責保険に加入することになります。しかし、自賠責保険には、事故の際の相手への保障は入っていないため、万一のときの保障には到底足りません。そのため、多くの場合は、任意の自動車保険に加入します。

　最近の傾向として、インターネットを通じて加入する保険のほうが掛け金が安いようです。

●保険の必要度●

保険の種類	シングル	カップル	ファミリー	備考
生命保険	△	○	◎	子どもの教育費にかかるウエイトが大きいので、成長に合わせて保障額を加減
医療保険・傷害保険	○	○	◎	医療費の備えの貯金額に合わせて保障額を検討
火災保険・地震保険	○	○	○	貯金があれば低めの保障額でもOK
自動車保険	◎	◎	◎	パッケージよりも必要な保証を厚くしてコストダウンを

「未来家計簿」で将来の家計をシミュレート

人生の未来を描く家計簿をつくる

「未来を描く家計簿」とは、「キャッシュフロー表」のことです。将来を見据えた長期間にわたる家計簿であり、人生におけるお金の設計図です。

表は、現在の家計をベースにして設計します。大きな出費は、135ページに挙げたようなライフイベントにかかわるものです。家族の年齢をもとに、教育費や住居購入費、リフォーム費用、車の購入費など、ライフイベントの時期を推測してキャッシュフロー表を作りましょう。

病気や介護にかかる費用は、貯金、あるいは医療保険や傷害保険（➡P.148）、共済で対応することを検討します。

家族一人ひとりの希望のすり合わせから始めよう

キャッシュフロー表作成の第一歩は、家族それぞれのやりたいことや将来のイメージを話し合うこと。定年まで勤めるのか、住居を購入するのか、またはUターンや親との同居を希望するのかなど、生活のベースとなる部分の確認をしておくことも大切です。

次に、子どもの進路、車の購入・買い替え、家族での海外旅行など、大きなお金が必要なイベントを挙げ、予算を立てて組み込みます。

最終的には、もっと生活を切り詰めて貯蓄するのか、貯金でない方法でお金をつくるのか、ライフイベントを縮小するのかなど、家族で話し合いを重ねて調整していきましょう。

CHECK

今を起点にこれからを描く ライフイベント Q&A

Q

もし、このまま
シングルだった場合、
老後のお金は
どれくらい必要？

A

単身者の平均支出は月約 15 万円。これに対し、平均収入は月約 11 万円。仮に 100 歳まで生きるなら、差額約 4 万円× 12 か月× 35 年＝約 1,680 万円不足。病気や介護のための予備費も入れて、最低約 2,430 万円は必要ね。141 ページをおさらいしなさい！

Q

私立大学に
通わせるとしたら、
いくらかかるかしら？

A

私立大学で文系を選択するなら約 700 万円、理系なら約 880 万円。さらに、自宅外に部屋を借りて通学するならプラス約 620 万円というところね。詳しくは、139 ページを参考にしなさい！

Q

家は買ったほうが
いいのかな？
買うなら、いつが
いいんだろう？

A

選ぶ物件にもよるけど、79 ページにもあるように、生涯、賃貸で暮らすのも、家を購入するのも、支払い総額はあまり変わらないわ。購入を考えている場合は、景気が悪く地価が下がったときが買いどきよ！

未来の貯金計画！キャッシュフロー表をつくろう

キャッシュフロー表を作成してライフデザインしよう！

キャッシュフローとは、「お金の流れ」のこと。家計のキャッシュフロー表は、将来にわたる収支を表にしたものです。現在を起点に、子どもの教育費がかからなくなるまで、またはリタイアするまでなど、長期的な人生プランを立てるために作成します。

キャッシュフロー表に記入するのは、年ごとの家族全員の年齢、予定するライフイベント、収入・支出の見込み金額です。それらをもとに、年ごとの貯蓄残高も記入します。

収入は、リストラや転職の可能性も念頭に置き、控えめに見積もったほうが無難です。

退職金は勤務先の担当者に問い合わせれば、定年まで勤めた場合の予定金額を試算してもらえます。

定期的に見直してこそ作成した表が生きる

キャッシュフロー表のよいところは、「いつ、いくら必要か」という家計の全体像が〝見える化〟されること。

それにより、たとえば住宅ローン残高が定年退職時にどのくらいあるかを試算し、借入金額や期間を検討することができます。また、必要な金額が貯まりそうにないときは、予算や貯金方法の見直し、他の方法の検討などをして、計画を実現に導くこともできます。

ライフプランは状況により変更が必要になることもあるので、キャッシュフロー表は定期的に見直していきましょう。

CHECK

お金の人生設計に役立つ「キャッシュフロー表」作成の手順とコツ

次ページにある麻衣と大輔のキャッシュフロー表と併せて、確認してね

STEP 1 表の1行目に「西暦」を記入する

STEP 2 自分と家族の名前、各年の年齢を記入する

（出産を予定している場合は、その子どもの分も記入する）

STEP 3 予定している家族全員のライフイベントを記入する

〈ライフイベントの例〉

発生時期が確定しているもの

- 子どもの入学、卒業
- 子どもの就職
- 自分および配偶者の定年
- 自分および配偶者の年金受給開始年齢

発生時期が確定しにくいもの

- 結婚
- 出産
- 住宅購入（＋固定資産税）
- 子どもの独立
- 車など高額商品の購入

※介護や医療に必要な予備費の内容も書き出しておきましょう。

STEP 4 STEP ③の下に収支に関する項目を記入し、それぞれの金額を記入する。金額は大まかな数字や見込みでOK。最終行に貯蓄残高を記入する

20年後、30年後を見据えた

麻衣と大輔のキャッシュフロー表

貯めどき❸

単位：万円

2032	2033	2034	2035	2036	2037	2038	2039	2040	2041	2042	2043	2044	2045	2046	2047	2048
14年後	15年後	16年後	17年後	18年後	19年後	20年後	21年後	22年後	23年後	24年後	25年後	26年後	27年後	28年後	29年後	30年後
50	51	52	53	54	55	56	57	58	59	60	61	62	63	64	65	66
48	49	50	51	52	53	54	55	56	57	58	59	60	61	62	63	64
19	20	21	22	23	24	25	26	27	28	29	30	31	32	33	34	35
大輔 昇進 大和 大学(私立・理系)入学	大和 成人式			大和 就職・独立	リフォーム		家族旅行(ヨーロッパ)			退職金で住宅ローン全額繰り上げ返済(完済)	大輔 嘱託にて継続勤務	大和 結婚	麻衣 パート辞める		年金受給開始 大輔 嘱託社員退職	
420	420	420	420	420	420	420	420	420	420	420	280	280	280	280	254	216
110	110	110	110	110	110	110	110	110	110	110	110	110				
40	20									1,200						
570	550	530	530	530	530	530	530	530	530	1,730	390	390	280	280	254	216
114	114	114	114	114	114	114	114	114	114	1,058	44	44	44	44	44	44
250	220	220	220													
12	12	12	12	12	12	12	12	12	12	12	12	12	12	12	12	12
180	180	180	180	168	168	168	168	168	168	168	168	168	164	164	164	164
30	30	30	30	25	225	25	125	25	25	25	25	225	20	20	20	20
586	556	556	556	319	519	319	419	319	319	1,263	249	449	240	240	240	240
-16	-6	-26	-26	211	11	211	111	211	211	467	141	-59	40	40	14	-24
681	675	649	623	834	845	1,056	1,167	1,378	1,589	2,056	2,197	2,138	2,178	2,218	2,232	2,208

両親からの祝金40万

両親からの祝金20万円

旅行資金100万円

収入減少のため支出を見直し

入学準備金30万円

大和独立後は支出縮小

住宅ローン繰り上げ返済約1,058万円

大和の結婚式援助金200万円

リフォーム費用200万円

固定資産税、管理費・修繕積立金の支払いは続く

月2万円ずつ貯金切り崩し→ちょっと心配。計画見直す？

下記の表は、家計のキャッシュフロー表の一例です。自身が管理しやすいよう、収支などの項目は各家庭のニーズに合わせて作成しましょう。

2,400万円の物件を購入
頭金：480万円
残金：1,920万円を35年ローン（金利1.5％）
→年間約70万円返済
諸費用：240万円
固定資産税、管理費・修繕積立金：年間44万円

旅行資金 20万円

貯めどき❷

西暦（年）	2018	2019	2020	2021	2022	2023	2024	2025	2026	2027	2028	2029	2030	2031
経過年数	現在	1年後	2年後	3年後	4年後	5年後	6年後	7年後	8年後	9年後	10年後	11年後	12年後	13年後
大輔（歳）	36	37	38	39	40	41	42	43	44	45	46	47	48	49
麻衣（歳）	34	35	36	37	38	39	40	41	42	43	44	45	46	47
大和（歳）	5	6	7	8	9	10	11	12	13	14	15	16	17	18
ライフイベント	大和　七五三	家族旅行（ハワイ）	大和　小学校（公立）入学		大輔　昇進		マンション購入 ローン開始		大和　中学校（公立）入学			大和　高校（私立）入学	麻衣　パート増やす	
大輔の年収（手取り）	364	364	364	364	392	392	392	392	392	392	392	392	392	392
麻衣の年収（手取り）	84	84	84	84	84	84	84	84	84	84	84	84	110	110
その他の収入	12	12	12	12	12	12	212	12	12	12	12			
収入合計 ❶	460	460	460	460	488	488	688	488	488	488	488	476	502	502
住居費	132	132	132	132	132	132	834	114	114	114	114	114	114	114
教育費	23	23	42	32	32	32	62	62	88	78	78	144	134	134
保険料	24	12	12	12	12	12	12	12	12	12	12	12	12	12
基本生活費	200	180	180	180	180	180	180	180	180	180	180	180	180	180
特別支出	70	50	30	30	30	30	30	30	30	30	30	30	30	30
支出合計 ❷	449	397	396	386	386	386	1,118	398	424	414	414	480	470	470
年間収支 ❶-❷	11	63	64	74	102	102	-430	90	64	74	74	-4	32	32
貯蓄残高	360	423	487	561	663	765	335	425	489	563	637	633	665	697

家族のイベントを記入

児童手当・退職金など

入学準備金 10万円

両親からの祝金200万円

入学準備金 10万円

食費、日用品など住居費以外の生活費

月の平均貯金額が1万円以下だったため、貯金体質に改善！

大和　小学5年生～高校3年生の期間、塾へ

入学準備金 10万円

- **●住居費**：家賃、住宅ローン、管理費・修繕積立金、固定資産税など
- **●教育費**：学校教育費、塾・習い事などの費用
- **●保険料**：生命保険、学資保険など
- **●基本生活費**：食費、生活用品費、水道光熱費、通信費、娯楽費など
- **●特別支出**：住宅購入および教育費以外のライフイベントの費用

「貯めどき」は年間100万円貯金できるように、できるだけ「年間収支①－②」＋「特別支出」＝100になるよう計画してみたわ

COLUMN 4 教えて！キャーロット様

Q

生涯シングルかもしれない私ですが、結婚した場合とこのままシングルでいる場合の人生の予算について、大きな違いはありますか？

A

シングルなら、基本的には子どもの教育費は不要だけど、生活費の試算は夫婦ふたりの場合と変わらないわ。老後の資金は夫婦ふたりの７〜８割ほど必要。ひとりで貯めていくことになることも視野に入れ、早めに準備を始めたほうがいいわ。シングルの場合は、「成年後見人」についても調べておいてね。

Q

夫婦ふたりで持ち家に住んでいます。子どもはいません。自宅で暮らせなくなったときは、誰に頼ればよいのか不安です。

A

施設に入る場合は、施設によって予算が違うので一概にはいえないかも。自宅を抵当に入れてお金を借りる制度がある自治体もあるから、早めに情報を集めておくといいわ。

Q

大学生の子どもが留学を希望しています。老後のための貯金を切り崩してよいものでしょうか？

A

気持ちはわかるけど、なるべくなら別の用途のために貯めたお金は崩さないこと。返済しなくてよい奨学金を調べてみたらどうかしら。また、その金額分のライフイベントを延期するのも手。臨機応変に予定を変更しても OK よ。

Q

年金が不安です。いったい、いつまで働けばよいのでしょうか？

A

再雇用制度を利用して定年退職後も働けば、収入はダウンするものの貯金を切り崩さない生活も不可能ではないわ。年金を受給し始めると、一定金額を超える収入がある場合は年金が減額されるので要注意。とはいえ、人生に大切なのは「お金」だけではないわ。社会とのつながりがなくなると体と心の衰えも加速するといわれているから、体と相談しつつ、ボランティアも含め、なるべく外に出る生活を続けるのがおすすめ。長期的に見ると、医療費や介護費が減ることになるかも。

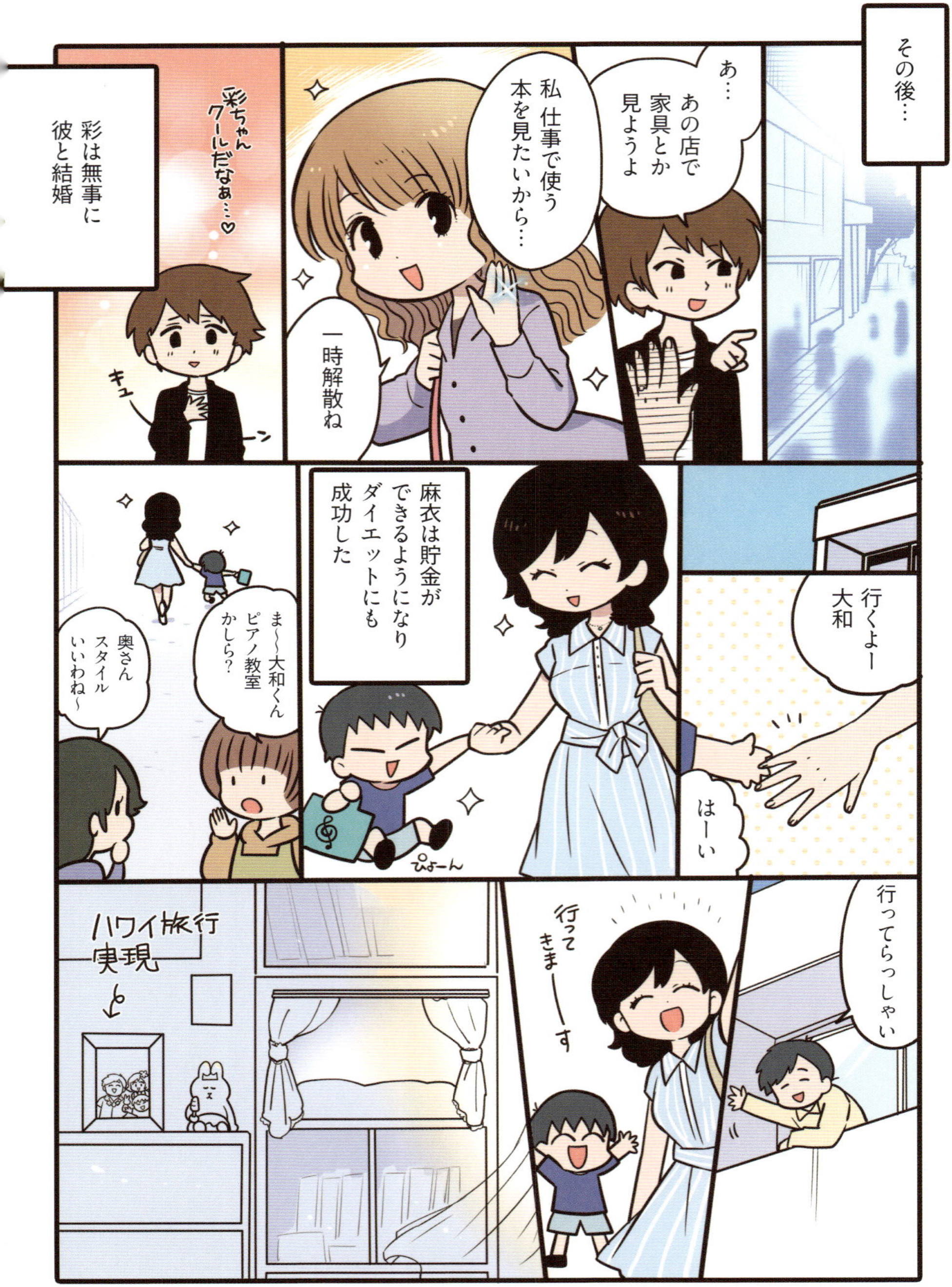

その後…
あ…あの店で家具とか見ようよ
私 仕事で使う本を見たいから…
一時解散ね
彩ちゃんクールだなぁ…♡
キュ
彩は無事に彼と結婚
行くよー大和
はーい
麻衣は貯金ができるようになりダイエットにも成功した
ぴょーん
ま〜大和くんピアノ教室かしら?
奥さんスタイルいいわねー
行ってらっしゃい
行ってきまーーす
ハワイ旅行実現

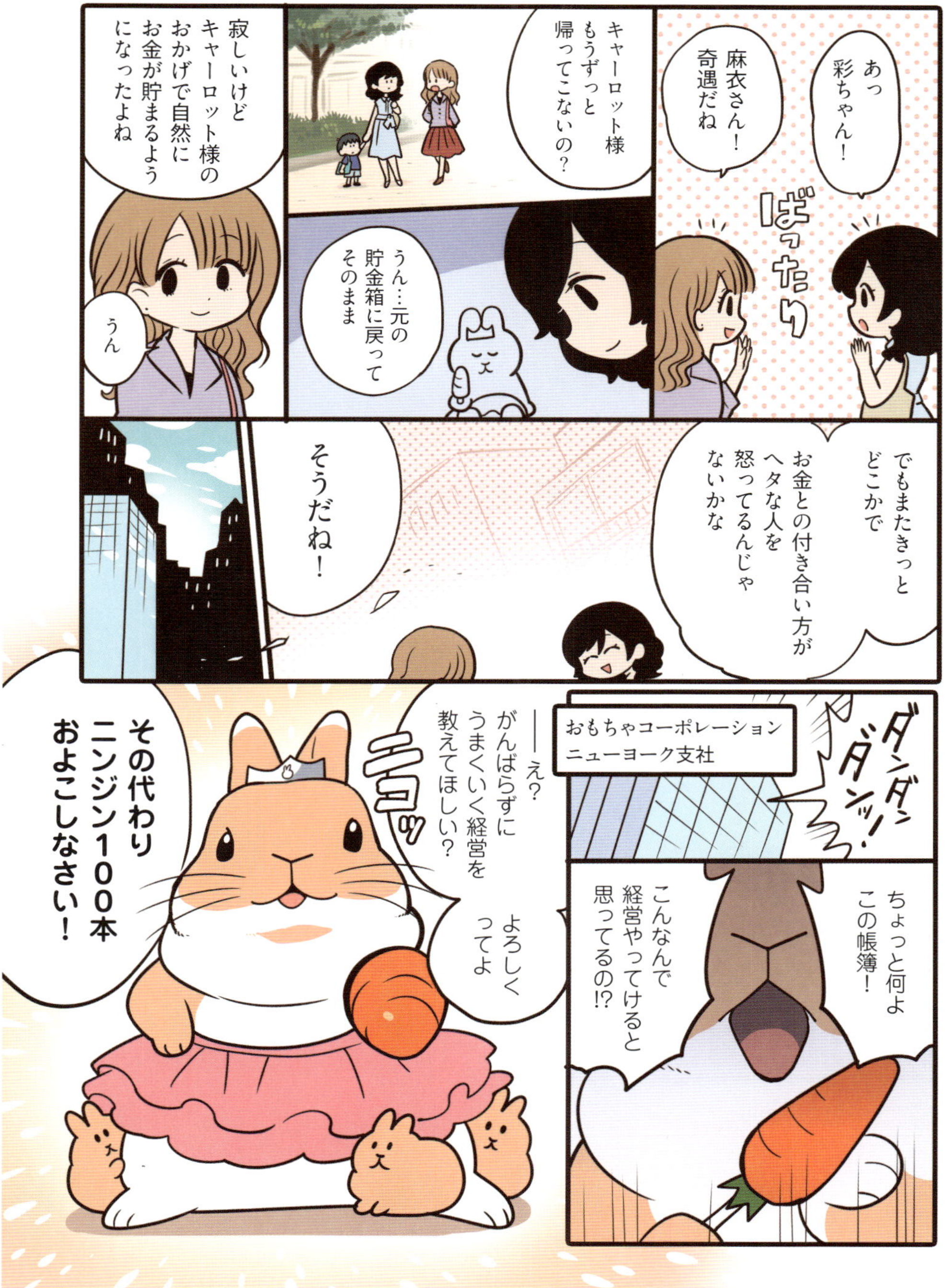
あっ
彩ちゃん！
麻衣さん！
奇遇だね
ばったり
キャーロット様
もうずっと
帰ってこないの？
うん…元の
貯金箱に戻って
そのまま
寂しいけど
キャーロット様の
おかげで自然に
お金が貯まるよう
になったよね
うん
でもまたきっと
どこかで
お金との付き合い方が
ヘタな人を
怒ってるんじゃ
ないかな
そうだね！
ダンダンッ！
おもちゃコーポレーション
ニューヨーク支社
ちょっと何よ
この帳簿！
こんなんで
経営やってけると
思ってるの!?
――え？
がんばらずに
うまくいく経営を
教えてほしい？
よろしく
ってよ
ニコッ
その代わり
ニンジン100本
およこしなさい！

●監修：花《はな》輪《わ》陽《よう》子《こ》

1級ファイナンシャル・プランニング技能士（国家資格）CFP® 認定者。1978年、三重県生まれ。青山学院大学国際政治経済学部卒業後、外資系投資銀行に入社。退職後、ファイナンシャル・プランナー（FP）として独立。2015年から生活の拠点をシンガポールに移し、東京とシンガポールでセミナー講師など幅広い活動を行う。著書に『夫婦で年収600万円をめざす！二人で時代を生き抜くお金管理術』（ディスカヴァー・トゥエンティワン）、『貯金ゼロからでも大丈夫！夫婦で一生に必要なお金がしっかり貯まる本』（PHP研究所）、『貯まらん女のお金がみるみる貯まる魔法のレッスン88』（マガジンハウス）、『夫婦で貯める1億円！』（ダイヤモンド社）など。「ホンマでっか!? TV」「有吉ゼミ」などのテレビ出演や講演経験も多数。日本FP協会「くらしとお金のFP相談室」2011年度相談員。

ホームページ　http://www.yokohanawa.com/

Twitter　@yokohanawa

●コミック・イラスト：井《い》口《くち》病《びょう》院《いん》

長野県出身。うさぎを溺愛してやまない漫画家。著書に『うさぎは正義1～3』『ぽぽたむさまのマフマフには敵わない!!!』（フロンティアワークス）、『うさぎ彼女』（KADOKAWA）など。

Twitter　@ichthy0stega

デザイン　白畠かおり
D T P　ユニオンワークス
執筆協力　クロスロード、エディット
編集協力　エディット（鈴木有加、山田真麻紗、海谷紀和子）

参考文献

『お金持ちになる女はどっち？』（PHP研究所）、『最新版 届け出ひとつでお金がもらえる本』（宝島社）、『「貧困女子」時代をかしこく生きる6つのレッスン』（角川書店）、『貯まらん女のお金がみるみる貯まる魔法のレッスン88』（マガジンハウス）、『節約・貯金のプロが教える 3ステップ式 お金が貯まる家計簿』（日本能率協会マネジメントセンター）、『かしこい節約生活』（大和書房）、『夫婦同時失業から復活したFPが教える、節約せずに年間200万円貯める方法』（大和書房）、『日経ホームマガジン 花輪陽子のもう100万円貯まる本』（日経BP社）、『夫婦で年収600万円をめざす！二人で時代を生き抜くお金管理術』（ディスカヴァー・トゥエンティワン）

毒舌《どくぜつ》うさぎ先生《せんせい》の**がんばらない貯金《ちょきん》レッスン**

2018年5月10日　第1刷発行

監修者　花輪《はなわ》　陽子《ようこ》
発行者　中村　誠
印刷所　株式会社文化カラー印刷
製本所　大口製本印刷株式会社
発行所　株式会社　日本文芸社
〒101-8407　東京都千代田区神田神保町1-7
TEL 03-3294-8931（営業）　03-3294-8920（編集）
Printed in Japan　112180419-112180419 Ⓝ 01
ISBN978-4-537-21569-4
URL　https://www.nihonbungeisha.co.jp/

（編集担当：前川）